empresability
Movimiento Iberoamericano

ABC DE LA RSE

Buscando el propósito de la empresa

Juan Felipe Cajiga

Movimiento Iberoamericano de Responsabilidad Social

empresability

Copyright 2019 Juan Felipe Cajiga

Contenido

Hola, soy (Juan) Felipe Cajiga.

Un ciudadano comprometido con el cambio, un mentor que acompaña sin imponer, que busca ser un provocador de conciencia que lleva más de 38 años ayudando a transformar empresas, líderes e ideas en agentes de impacto positivo real en Iberoamérica.

No vengo a enseñar lo último en tendencias. Vengo a compartir lo que funciona, lo que transforma y lo que deja huella. Mi propósito es claro: que más personas y organizaciones pasen de buenas intenciones a resultados que regeneren, dignifiquen y trasciendan.

- Creo —y lo he vivido— que la sostenibilidad no es un área, ni un reporte, ni un discurso bonito.
- Es una forma de decidir, de liderar y de actuar con coherencia, todos los días.
- Con evidencia. Con alma. Con propósito.

Fui testigo y parte del nacimiento de la responsabilidad social empresarial en la región. Y hoy, como fundador del Movimiento Empresability y LinkedIn Top Voice en sostenibilidad, lo que no me define pero me compromete, sigo convencido de que lo que necesitamos no es más teoría... sino más compromiso bien acompañado.

- Por eso traduzco desafíos complejos en soluciones accionables.
- Comparto ideas que despiertan conciencia, no complacencia.
- Y construyo comunidad con quienes quieren marcar una diferencia desde donde están.

Mi visión:

Una Iberoamérica donde las empresas no solo compitan por crecer, sino por **mejorar la vida de las personas, fortalecer el tejido social y regenerar el planeta, de la mano de un movimiento de ciudadanos convencidos y** comprometidos que actúan como agentes de transformación desde su función, sus ámbitos y tribunas.

¿Mi misión? Acompañar y empoderar a líderes —en cualquier área de la empresa— para que hagan lo suyo con conciencia, con estrategia y con resultados que importen. Porque **cada rol tiene el poder de transformar, cuando se conecta con un propósito verdadero.**

Estoy aquí no porque tenga todas las respuestas, sino porque me mueve la voluntad de aprender juntos, de construir puentes y de sumar voluntades hacia ese mundo más justo, solidario, sostenible y humano... ese que soñamos y ese que merecemos.

¿Te animas a caminarlo conmigo?

Aquí estoy.

Introducción

Cuando las Empresas Encuentran su Propósito

"Un negocio que solo gana dinero es un negocio pobre." —
Henry Ford

Vivimos en una época en la que ya no basta con que las empresas sean eficientes o rentables. Hoy se espera que piensen también en cómo impactan a las personas, al planeta y a la sociedad. No es suficiente hacer las cosas bien; es fundamental hacer el bien a través de lo que hacemos.

Este libro es una invitación a descubrir y practicar la Responsabilidad Social Empresarial (RSE), no como una moda o un extra, sino como parte esencial del corazón de toda empresa. Se trata de actuar con propósito, de crear valor para todos y no solo para unos cuantos.

¿Qué vas a encontrar aquí?

A lo largo de estas páginas compartiré ideas claras, ejemplos reales y propuestas prácticas que he reunido a lo largo de más de treinta años de experiencia con empresas y líderes que buscan hacer las cosas mejor. Estoy convencido de que cuando una empresa tiene un propósito auténtico, puede ser más humana, más útil y exitosa. Ese es el tipo de empresa que el mundo necesita ahora.

Cada empresa es única

No existe una sola forma correcta de hacer RSE. Cada organización tiene su historia, sus valores, sus metas. Por eso, cada una debe construir su camino hacia una responsabilidad social auténtica, conectada con lo que cree y con el impacto que quiere dejar.

Una empresa que aplica la RSE toma mejores decisiones. Y si lo hace desde su propósito —es decir, desde su razón más profunda para existir—, entonces crecerá de manera más sólida, más confiable y con un impacto más positivo.

El nuevo factor decisivo: el "¿Por qué?"

Estamos rodeados de cambios constantes. La calidad y el precio ya no son los únicos factores que definen si una persona elige o no a una empresa. Hoy lo que marca la diferencia es el "¿por qué?": ese propósito que da sentido genera confianza y crea conexión con las personas.

No es casualidad que muchos desconfíen de las grandes empresas y de los políticos. Cuando una organización no actúa con coherencia entre lo que dice y lo que hace, pierde credibilidad. Y sin confianza, no hay futuro posible.

Del discurso a la acción

Las empresas necesitan pasar de las palabras a los hechos. No se trata solo de evitar daños, sino de generar beneficios. De dejar huella positiva. De ser parte activa en la construcción de un mundo más justo, más humano y sostenible.

Las empresas deben verse como actores sociales que trabajan junto a otras personas: clientes, empleados, proveedores, comunidades. Todas forman parte de un mismo sistema.

Ganar dinero sí, pero no a cualquier precio

Ganar dinero no es el problema. El problema empieza cuando eso se convierte en lo único importante. Muchas veces se olvida que la empresa existe para servir, para resolver necesidades y para mejorar la vida de quienes la rodean.

Una empresa con propósito claro sabe hacia dónde va. Cuando pone a las personas en el centro de sus decisiones y se compromete con su bienestar, se convierte en mucho más que una vendedora de productos o servicios: se vuelve un agente de transformación.

Las empresas con propósito necesitan líderes valientes, que estén dispuestos a ir más allá de las ganancias y hacer algo significativo.

Te invito a este recorrido

Este libro es para ti, si quieres entender mejor qué es la RSE, cómo aplicarla y cómo hacer que tenga sentido en tu vida profesional. Porque al final, la responsabilidad social no es un concepto complicado ni una moda pasajera. Es una forma de ver, de actuar y de liderar.

Juan Felipe Cajiga

La encrucijada actual de la empresa responsable:

Del discurso a la transformación profunda y sostenible

I. Dónde estamos: luces y sombras en el camino de la RSE

Los acontecimientos empresariales, políticos y sociales de los últimos años han puesto a prueba a las empresas de forma profunda y acelerada. El discurso tradicional sobre el papel de las corporaciones ya no basta: hoy se les exige actuar con mayor coherencia, valentía y compromiso real ante los desafíos sociales, económicos y ambientales.

Con preocupación observamos que algunas empresas, que años atrás lideraban con orgullo el movimiento de la RSE, han levantado el pie del acelerador, bajo la falsa idea de que la responsabilidad social es un punto de llegada y no un proceso de mejora continua. Cada vez más vemos organizaciones que portan el adjetivo de "socialmente responsables" sin acompañar esa declaración con acciones tangibles. Esta falta de coherencia puede erosionar la confianza no solo en esas empresas, sino en todo el ecosistema que promueve la sostenibilidad con seriedad.

Hoy, ser etiquetada como empresa socialmente responsable ya no es suficiente. Si la RSE no se vive como una filosofía transversal y evolutiva, perderá sentido y legitimidad. Las organizaciones deben respaldar sus palabras con hechos y con evidencias cotidianas de que toman en serio su papel como actores del desarrollo sostenible.

II. De la reacción a la propuesta: la urgencia de un compromiso sistémico

No incorporar principios de sostenibilidad y responsabilidad en la estrategia empresarial ya no es una opción, es una omisión costosa. Y aún más riesgoso es retroceder. Las organizaciones que optan por la indiferencia se exponen al escrutinio crítico de sus grupos de interés. El camino es uno solo: pasar del marketing social a un compromiso sistémico.

La agenda de las empresas debe reflejar las prioridades de empleados, clientes, inversionistas y comunidades. Solo así podrán construirse relaciones transformadoras y duraderas, bajo una lógica ganar-ganar-ganar: empresa–stakeholders–sociedad.

III. Tendencias clave que marcarán el rumbo empresarial

- **Futuro del trabajo y trabajo con propósito**: Las condiciones laborales, habilidades requeridas y aspiraciones de las personas están cambiando. Las nuevas generaciones valoran el equilibrio de vida y el sentido de pertenencia. Exigen empleos que se alineen con sus valores y les permitan contribuir positivamente a la sociedad. Las empresas deben acompañar estos cambios para seguir siendo relevantes y atractivas.

- **Desigualdad y acoso laboral**: El movimiento #MeToo visibilizó problemáticas estructurales. Las organizaciones deben erradicar el acoso y la desigualdad mediante mecanismos de prevención, denuncia y sanción. Esto implica liderazgo ético, políticas claras, equidad salarial y un compromiso genuino con la inclusión.

- **Diversidad e inclusión como activos estratégicos**: La diversidad debe reflejarse en decisiones clave: contratación, promoción, compensaciones y liderazgo. No es una moda, es una fuente de innovación y legitimidad social. No basta con celebrar fechas simbólicas; se requiere una cultura organizacional que valore y aproveche el talento en toda su diversidad.

- **Marcas con propósito**: Las marcas, más que los productos, conectan emocionalmente con las personas. Cuando se convierten en estandartes de causas auténticas, movilizan y fidelizan. El propósito no debe ser un eslogan, sino el núcleo de toda estrategia: desde el diseño de productos hasta la experiencia del cliente.

- **Transformación organizacional y responsabilidad compartida**: Las áreas de RSE, sostenibilidad o fundaciones corporativas cumplen un papel relevante, pero no suficiente. La responsabilidad debe permear cada rincón de la organización, desde la alta dirección hasta la operación diaria. Es una responsabilidad compartida que demanda gobernanza, liderazgo y transversalidad.

IV. Reivindicar el rol social de la empresa

Es tiempo de que las empresas dejen de concebirse solo como generadoras de utilidades. Su mayor fortaleza radica en su capacidad de generar bienestar, cultura, equidad y prosperidad compartida. Declarar su postura frente a los grandes temas sociales ya no es optativo: es estratégico.

La Agenda 2030 y los Objetivos de Desarrollo Sostenible ofrecen una hoja de ruta clara y poderosa. Permiten a las empresas alinear sus acciones con las expectativas sociales y con los temas que más importan a sus públicos clave. Además, legitiman su papel como actores corresponsables del desarrollo.

Invertir en tecnología con enfoque humano, dignificar el trabajo y minimizar impactos negativos es la vía hacia una economía regenerativa. La revolución empresarial hacia modelos más conscientes ya está en marcha: energías limpias, circularidad, comercio justo, innovación responsable. Las empresas que se anticipan lideran.

V. Diálogo, aprendizaje y acción colectiva

Para avanzar se necesita sistematizar aprendizajes, compartir experiencias y fomentar espacios de diálogo crítico entre pares. Las aulas, los foros empresariales, las redes sectoriales y los espacios interinstitucionales deben convertirse en laboratorios de pensamiento y acción donde se discutan dilemas, mejores prácticas y caminos hacia el impacto.

La RSE ha superado su etapa fundacional. Ha dejado de ser una opción reputacional para convertirse en una exigencia ética y estratégica. Hoy entra en una fase de madurez, donde el verdadero valor surgirá de quienes sepan traducir sus retos en oportunidades y conectar su acción con un propósito auténtico y transformador.

VI. Llamado al liderazgo consciente

Es hora de que más empresas dejen atrás el piloto automático y asuman su rol como agentes de cambio social. No como actores pasivos o reactivos, sino como protagonistas valientes y conscientes de la transformación que el mundo necesita.

El momento exige liderazgo con propósito.

¿Quién dice yo?

¿Cómo llegamos hasta aquí?

La evolución del capitalismo y el despertar de la responsabilidad empresarial

> No puedes hablar de Responsabilidad Social Empresarial (RSE) si no la vives. Hay que caminarla, no solo mencionarla.

Del progreso económico al propósito compartido y consciente

El capitalismo ha sido, sin duda, una de las fuerzas más influyentes en el desarrollo económico global. Fundado en la libertad económica y la iniciativa individual, ha generado progreso, innovación y mejoras en la calidad de vida. Sin embargo, también ha revelado profundas contradicciones y ha perdido, en muchos casos, su rumbo original: ser un sistema al servicio del bienestar colectivo.

I. Comprender la historia para entender el presente

Hablar de Responsabilidad Social Empresarial (RSE) no es solo repetir un término de moda o incluirlo en la misión corporativa. Es una forma profunda de comprender el papel de las empresas en el mundo. La RSE no se predica: se vive. No es un accesorio decorativo, sino una práctica constante, que debe reflejarse en cada decisión, proceso y relación organizacional.

Para entender por qué hoy tantas voces exigen responsabilidad empresarial, debemos mirar al pasado. La historia nos revela cómo llegamos hasta este punto. El capitalismo ha sido una de las fuerzas económicas más influyentes de los últimos siglos.

Basado en la libertad económica y la iniciativa individual, ha impulsado innovaciones, desarrollo y progreso. Pero también ha expuesto límites, contradicciones y desvíos que hoy demandan revisión y evolución.

II. El nacimiento del capitalismo moderno: libertad como motor de cambio

Durante gran parte de la historia, la riqueza y el poder se concentraron en manos de unos pocos. La mayoría vivía en condiciones precarias, sin acceso a educación, salud o propiedad. Este panorama comenzó a cambiar en el siglo XVIII, cuando dos revoluciones transformaron el curso de la humanidad: la Revolución Industrial y la Revolución del Pensamiento Liberal.

La Revolución Industrial introdujo tecnologías que multiplicaron la producción y redujeron costos, permitiendo que más personas accedieran a productos y servicios. Simultáneamente, el pensamiento liberal promovía ideas como los derechos individuales, la democracia, la propiedad privada y la libertad para emprender y competir.

En ese contexto, el economista Adam Smith publicó La riqueza de las naciones (1776), en la que se preguntaba por qué unas sociedades prosperaban mientras otras no. Su conclusión fue clara: la libertad económica permite que, al buscar su propio beneficio, las personas generen bienestar colectivo. Esta es la lógica de la "mano invisible" del mercado.

Estas ideas fueron fundamentales en la construcción de economías más abiertas, como la de Estados Unidos, donde se unieron libertad política, económica, social y religiosa. El resultado fue un crecimiento sin precedentes en salud, educación, empleo, movilidad social y calidad de vida.

El capitalismo nació como una forma de liberar el talento humano y ampliar las oportunidades para todos.

III. De la promesa al desencanto: cuando se olvida el propósito

A pesar de sus logros iniciales, el capitalismo empezó a mostrar signos de desgaste. Muchas empresas comenzaron a priorizar las ganancias a corto plazo por encima de su compromiso con las personas y el planeta. El propósito original del sistema —crear bienestar colectivo— fue reemplazado por una visión estrecha centrada en maximizar beneficios para accionistas.

En 1970, Milton Friedman afirmó que "la única responsabilidad social de los negocios es aumentar sus ganancias". Esta idea marcó un giro radical: la empresa dejó de ser vista como un actor social con múltiples responsabilidades, y se convirtió en una máquina de generar utilidades, desligándose de sus impactos en empleados, comunidades y medio ambiente.

El resultado fue una creciente desconfianza social hacia las empresas. El trabajo perdió sentido. La ciudadanía se sintió desconectada de las organizaciones. La legitimidad empresarial se erosionó. Se rompió el vínculo entre crecimiento económico y progreso humano.

IV. Volver al centro: poner a las personas como prioridad

Es momento de recordar que el capitalismo no nació para enriquecer a unos cuantos, sino para empoderar a las personas y permitirles prosperar por sus propios méritos. Su verdadero propósito era crear condiciones de equidad, dignidad y libertad para todos.

Muchos de los avances más importantes del siglo XX —educación pública, salud accesible, desarrollo científico, infraestructura básica— se lograron porque hubo colaboración entre gobiernos democráticos, empresas responsables, ciudadanos comprometidos y comunidades organizadas.

El desarrollo genuino ocurre cuando el crecimiento económico se traduce en bienestar compartido. No basta con aumentar el PIB o generar rentabilidad: es necesario crear valor social, fortalecer el tejido comunitario y garantizar derechos fundamentales. Solo así una empresa puede ser realmente sostenible y relevante.

V. Rediseñar el sistema: hacia un capitalismo con propósito

Los grandes desafíos actuales —cambio climático, inequidad, migraciones forzadas, desconfianza institucional, agotamiento de recursos— requieren un nuevo modelo económico. No se trata de abolir el capitalismo, sino de actualizarlo. De transformarlo en una herramienta que funcione para las personas y el planeta, no solo para el capital.

Esta transformación implica un nuevo pacto entre empresas, gobiernos y sociedad. Un acuerdo donde el éxito se mida no solo por indicadores financieros, sino también por el impacto positivo generado. Donde las decisiones empresariales se tomen con conciencia ética, visión a largo plazo y coherencia entre lo que se dice y lo que se hace.

No se trata de eliminar el capitalismo, sino de evolucionarlo. De recuperar su promesa original y adaptarla a los desafíos actuales: crisis climática, desigualdad estructural, pérdida de confianza en las instituciones. La libertad económica debe ir de la mano de la justicia social, la sostenibilidad y el respeto por la dignidad humana.

Hoy más que nunca, necesitamos un nuevo contrato entre empresas, gobiernos y ciudadanía. Un capitalismo que promueva no solo la competitividad, sino la colaboración. No sólo el crecimiento, sino el sentido. Porque un sistema que ignora a las personas termina desmoronándose desde adentro.

Un capitalismo con propósito humano no es una utopía romántica. Es una necesidad estratégica y moral. Porque ningún sistema puede sostenerse si excluye, explota o ignora a quienes lo habitan. Poner a las personas en el centro no es caridad: es inteligencia económica, política y ética.

VI. Y tú, ¿qué puedes hacer para ser parte del cambio?

Esta transformación no es tarea exclusiva de gobiernos o directivos. Nos involucra a todos: líderes, trabajadores, estudiantes, consumidores, emprendedores. Cada uno tiene un rol que desempeñar. Cada elección cuenta.

Al comprar con conciencia, al exigir transparencia, al liderar con propósito, al educarse en sostenibilidad, al participar en su comunidad o al impulsar prácticas responsables desde su empresa, cada persona puede aportar a este nuevo modelo.

Promover una economía más justa, regenerativa y humana es una responsabilidad compartida. Exige claridad, valores firmes y acción decidida.

Porque solo un sistema económico con propósito humano será verdaderamente sostenible. Solo así construiremos una prosperidad que incluya a todos, sin dejar a nadie atrás.

Desde tu lugar de trabajo, desde tu comunidad, desde una empresa o como consumidor, tienes un papel que desempeñar. La transformación no la hace una ideología ni una política pública aislada, sino las decisiones que tomamos cada día. Al elegir con conciencia, liderar con valores o participar activamente en la vida social, estamos recuperando el sentido profundo del capitalismo: ser un instrumento para el bien común.

El capitalismo nació como una forma de liberar la capacidad humana, no como un mecanismo para enriquecer a una élite. Su objetivo era abrir oportunidades, no cerrarlas.

El mercado, por sí solo, no garantiza bienestar. Lo que hizo posible el desarrollo fue una alianza entre gobiernos democráticos, ciudadanos comprometidos, empresas responsables y comunidades activas.

El capitalismo fue una idea revolucionaria porque devolvía a las personas la capacidad de transformar su entorno. Hoy, para rescatar esa promesa, debemos rediseñar el modelo económico y volver a poner a las personas —y no solo al capital— en el centro.

Porque solo un capitalismo con propósito humano será verdaderamente sostenible, justo y capaz de generar prosperidad que incluya a todos. Y ese camino empieza contigo. ¿Y tú, qué rol juegas en esta transformación?

III. Hacia una nueva conciencia empresarial

Es urgente reorientar el rumbo. La empresa no puede seguir operando de espaldas a su entorno. Necesitamos una visión sistémica, donde los intereses de todos los stakeholders —empleados, clientes, comunidades, proveedores, medio ambiente— sean considerados y respetados. Eso implica gestionar desde la sostenibilidad económica, social y ambiental.

El capitalismo consciente, como lo plantean John Mackey y Raj Sisodia, propone un nuevo camino: colocar un propósito superior al centro del negocio, construir culturas organizacionales saludables, tener liderazgo consciente y crear valor compartido.

> "El capitalismo consciente reconoce la oportunidad de que las empresas trabajen por un bien mayor."

Este enfoque no solo mejora la reputación y la fidelidad, también eleva el rendimiento, la innovación y la resiliencia de las organizaciones.

IV. La responsabilidad social: de la teoría a la acción

Definir RSE no es fácil. Existen múltiples enfoques. En México, AliaRSE la describe como *"el compromiso consciente y congruente de cumplir integralmente la finalidad de la empresa, considerando expectativas económicas, sociales y ambientales, respetando valores éticos, personas, comunidades y medio ambiente."*

Fórum Empresa refuerza que no debe ser un conjunto aislado de prácticas, sino un enfoque integral sostenido por políticas, programas y decisiones de liderazgo. La ISO 26000 añade una visión sistémica basada en transparencia, ética y sostenibilidad. Define la responsabilidad social como la conducta que asume una organización ante los impactos de sus decisiones en la sociedad y el medio ambiente, a través de una gestión ética, legal y coherente.

V. El verdadero propósito empresarial

Las empresas son actores clave del desarrollo global. Han reducido barreras y conectado culturas. Pero también tienen el deber de reconocer sus impactos. La RSE no es una estrategia de imagen o filantropía ocasional. Es la manera en que la empresa se asume como corresponsable del bienestar social.

La integridad, la coherencia ética y el compromiso con la comunidad no son opcionales: son la base de la legitimidad empresarial. El concepto japonés *Kyosei*, que representa la armonía entre empresa y sociedad, es una guía poderosa para esta nueva etapa.

Hoy, más que nunca, la empresa debe ser útil, justa y comprometida. Debe dejar un legado. Convertirse en un verdadero agente de transformación consciente. Y para lograrlo, debe recuperar su razón de ser: contribuir activamente al bien común, en diálogo constante con todos aquellos que hacen posible su existencia.

La evolución y manifestaciones de la Responsabilidad Social Empresarial (RSE)

Comprendiendo la evolución de la RSE: de la reacción al propósito transformador

A lo largo del tiempo, la manera en que las empresas entienden y practican su contribución a la sociedad ha evolucionado significativamente. Esta evolución no ha sido lineal ni uniforme. Hoy en día, muchas organizaciones presentan una mezcla de características correspondientes a distintas etapas, lo que revela oportunidades de avance hacia una mayor madurez en su gestión responsable.

A continuación, propongo una clasificación de etapas evolutivas de la RSE, cada una con sus principales características. Estas fases no son excluyentes ni rígidas, y una empresa puede transitar por varias a lo largo de su desarrollo o incluso coexistir en diferentes niveles según su contexto o áreas de operación.

Etapas del desarrollo evolutivo de la RSE

1. Etapa Pre-RSE

Empresas que no reconocen ni la necesidad ni la conveniencia de interactuar con la sociedad. Su gestión está centrada exclusivamente en lo económico, sin considerar impactos sociales o ambientales. No existe una conciencia ética ni compromiso con el bien común.

2. Etapa Filantrópica (Elemental I)

La RSE se concibe como un acto de buena voluntad o beneficencia. Las acciones sociales son voluntarias, esporádicas y no están vinculadas a la estrategia del negocio. Se basa en donaciones, patrocinios y apoyo a causas, pero sin enfoque sistemático.

3. Ciudadanía Corporativa (Elemental II)

Se empieza a reconocer un rol social de la empresa. Se apoya a comunidades, causas o grupos de interés, pero aún sin una visión estratégica o integrada. Comienza el diálogo, aunque sin una verdadera integración en la gestión empresarial.

4. Marketing con orientación social

La RSE se convierte en una herramienta de posicionamiento y reputación. Se vinculan acciones sociales a campañas de comunicación o publicidad, buscando diferenciación. El riesgo: que se perciba como oportunismo o estrategia cosmética.

5. Etapa del Greenwashing

Prácticas que aparentan compromiso con la sostenibilidad o la ética, sin que existan cambios reales o profundos. Genera desconfianza y puede dañar seriamente la legitimidad empresarial.

6. Etapa Reactiva o de Remediación

Se actúa frente a presiones sociales, regulatorias o de crisis reputacional. Las acciones se enfocan en mitigar daños, responder a incidentes o prevenir sanciones, pero sin un propósito transformador.

7. Etapa Comprometida

La empresa reconoce su impacto y empieza a construir una política más estructurada. Se involucran áreas directivas, se establecen objetivos y se buscan aliados estratégicos. La ética empieza a permear la gestión.

8. Etapa Formal

La RSE se integra a los sistemas de gestión. Se cuenta con políticas, indicadores y programas alineados a estándares nacionales e internacionales. La sostenibilidad empieza a formar parte de la cultura corporativa.

9. Etapa Integrada

La empresa opera con una visión holística. La RSE forma parte del modelo de negocio, de la estrategia central y de la toma de decisiones. Se valora el diálogo con stakeholders y la innovación orientada al impacto positivo.

10. Etapa Transformadora

La organización busca generar valor social sistémico. Se concibe a sí misma como un agente de cambio que contribuye activamente a resolver desafíos globales. La RSE ya no es un área o función, sino un enfoque transversal y transformador.

11. Etapa Aspiracional o de Propósito

La empresa trasciende la noción de responsabilidad y se convierte en un actor con causa. Se ve a sí misma como instrumento de bienestar social y asume un rol activo en la regeneración del entorno. Su razón de ser está alineada al bien común y lo persigue con autenticidad.

Hacia una revolución integral de la RSE

El desarrollo natural de la RSE nos conduce a lo que llamo una Revolución (o Re-evolución) Integral. En esta etapa, la RSE ya no depende únicamente del liderazgo empresarial, sino que se convierte en un movimiento cultural, transversal y estructural que transforma a las organizaciones desde dentro.

Esta revolución implica pasar de "no dañar" a "hacer el bien activamente", asumiendo un compromiso profundo con un propósito compartido con sus grupos de interés. Las empresas contribuyen a una sociedad más justa, inclusiva y sostenible, generando valor social agregado y construyendo legitimidad a largo plazo.

Manifestaciones de la RSE: un enfoque integral de acción y conciencia

La responsabilidad social no es una acción aislada ni superficial.

La responsabilidad social de una empresa se manifiesta de manera sistémica en todos los niveles y dimensiones de la organización. Solo reconociendo su alcance total puede gestionarse con efectividad y generar impacto real.

Para ello, debe operar con consistencia, crear valor agregado y ser competitiva de forma sostenible, sin comprometer el bienestar de las personas, las comunidades ni el entorno. Implica atender ética y activamente las expectativas de todos los públicos relevantes: inversionistas, colaboradores, directivos, proveedores, clientes, comunidades, gobierno y organizaciones sociales.

Estas manifestaciones pueden analizarse desde tres dimensiones clave: económica, social y ambiental, con expresiones internas y externas.

Dimensión económica

- **Interna:** Crear valor para accionistas y colaboradores. Generar utilidades de manera ética, con equidad y justicia, promoviendo un crecimiento empresarial responsable.

- **Externa:** Proveer bienes y servicios útiles y rentables, pagar impuestos, contribuir a la planeación económica local y nacional.

Dimensión social

- **Interna:** Fomentar condiciones de trabajo dignas, desarrollo integral de empleados, bienestar organizacional y calidad de vida.

- **Externa:** Impulsar el desarrollo comunitario, apoyar causas sociales relevantes, colaborar con otros actores para generar impacto social colectivo.

Dimensión ambiental

- **Interna:** Identificar y gestionar las repercusiones ambientales de sus operaciones. Prevenir y remediar daños derivados de procesos, productos o residuos.

- **Externa:** Promover acciones para conservar, restaurar y regenerar el entorno ecológico. Contribuir al bienestar ambiental de generaciones presentes y futuras.

Focalización estratégica: hacia una RSE efectiva y diferenciadora

Ninguna empresa puede hacerlo todo. Por eso, la gestión responsable requiere un análisis realista de sus capacidades, áreas de impacto y oportunidades de acción. Definir una estrategia de RSE efectiva implica priorizar aquellas dimensiones y temas donde se puede aportar valor diferencial y generar transformación significativa.

La responsabilidad social bien entendida y aplicada es, ante todo, una decisión estratégica que transforma la cultura fortalece la competitividad y posiciona a la empresa como actor ético en el desarrollo sostenible.

Valores Vivos y Gobernabilidad Responsable:

El Fundamento Ético de la RSE

Principios Éticos que Inspiran una Empresa Socialmente Responsable

El comportamiento responsable de una empresa no nace de las modas ni de presiones externas. Surge de la comprensión profunda y la aplicación coherente de principios fundamentales del orden social. Son estos principios los que dan vida a una cultura ética y sustentan un liderazgo consciente, orientado al bien común:

- Respeto a la dignidad de la persona

- Solidaridad

- Subsidiariedad

- Corresponsabilidad

- Confianza

- Transparencia

- Honestidad y legalidad

- Justicia y equidad

Una empresa socialmente responsable reconoce estos principios como parte de su identidad y propósito. No los enuncia; los vive. Los traduce en políticas, decisiones, programas y acciones que impactan positivamente a sus grupos de interés. Actúa más allá de lo legal, asume responsabilidad por sus impactos negativos y busca constantemente generar valor social.

Los Cuatro Pilares de la RSE Estratégica

La responsabilidad social no es un conjunto de buenas intenciones, sino una estructura estratégica que se sostiene en cuatro pilares clave. Cada uno de ellos representa una dimensión donde los valores se convierten en acción:

Pilar 1: Hacer lo Correcto — Ética y Gobernabilidad Empresarial

Valores asociados:

1. Desempeño ético en los negocios

2. Prevención de prácticas ilícitas

3. Respeto a la dignidad humana

4. Comercio justo

5. Compromiso con los grupos de interés

6. Anticorrupción

7. Transparencia y legalidad

La ética no es un accesorio. Es la base sobre la que se construyen relaciones sólidas con proveedores, clientes, empleados, comunidades e inversionistas. Define cómo se toman decisiones, cómo se gestionan conflictos y cómo se comunica la empresa con su entorno.

> "Una empresa ética y socialmente responsable debe contar con mecanismos que aseguren un trato igualitario a todos sus accionistas y partes interesadas, sustentado en un buen sistema de gobierno corporativo."

La gobernabilidad, por su parte, no se limita a estructuras internas. Representa la forma en que la empresa alcanza sus metas, protege los intereses legítimos de todos sus stakeholders y garantiza que sus acciones reflejen su propósito.

Dimensiones de la Gobernabilidad Corporativa:

- **Ética:** Principios que guían el comportamiento y las decisiones.

- **Eficiencia:** Uso inteligente y justo de los recursos.

- **Responsabilidad:** Conciencia del impacto generado y compromiso con su gestión.

Cuando estos tres ejes funcionan de manera armónica, la empresa construye una legitimidad sólida, difícil de quebrantar.

¿Por qué la gobernabilidad importa para el negocio?

- **Facilita el acceso a capital:** Al incrementar la confianza de los inversionistas.

- **Favorece decisiones más informadas:** Mejora la calidad del gobierno corporativo.

- **Optimiza el desempeño financiero:** Reduce costos, mejora el uso de recursos y fortalece la eficiencia.

- **Reduce la supervisión regulatoria:** La empresa demuestra madurez institucional.

- **Aumenta la rentabilidad a largo plazo:** La confianza se convierte en valor sostenible.

Una empresa ética y bien gobernada tiene una ventaja competitiva clara: puede responder con resiliencia a los desafíos del entorno, adaptarse sin comprometer sus valores y liderar con impacto positivo.

La Responsabilidad Social Comienza por Casa:

Bienestar, Trabajo Digno y Cultura Organizacional Consciente

Una Empresa que Cuida desde Adentro

La dimensión social del trabajo es una de las manifestaciones más poderosas y visibles de la responsabilidad social empresarial (RSE). Porque no hay RSE auténtica si no se refleja, primero, en cómo se trata a las personas que hacen posible el día a día de la empresa.

Una organización socialmente responsable reconoce que su primera comunidad es su gente, y que el bienestar, la dignidad y el desarrollo humano dentro de la empresa son condiciones imprescindibles para crear un impacto positivo afuera.

Valores Clave para una Gestión Humana con Sentido Social

1. Trabajo feliz y significativo

2. Empleo y salario digno

3. Balance trabajo-familia

4. Condiciones laborales justas y seguras

5. Inclusión y respeto a la diversidad

6. Seguridad laboral y salud ocupacional

7. Liderazgo consciente y humano

8. Igualdad de oportunidades

"Todos merecemos más que un trabajo para subsistir. Hagamos de nuestro trabajo algo que tenga sentido, que deje huella, y que no se defina por lo que dice una tarjeta de presentación, sino por cómo nos sentimos y lo que construimos juntos."

Una empresa que pone estos valores en práctica genera un entorno estimulante, seguro, participativo y justo, donde cada persona puede desarrollarse profesional y personalmente. Esto no es un lujo ni una moda: es una base estratégica para la sostenibilidad organizacional.

Principios Esenciales de un Entorno Laboral Responsable

A continuación, se enumeran prácticas observadas en empresas líderes que pueden servir como guía para cualquier organización que aspire a distinguirse por su cultura laboral positiva. Estas no son fórmulas rígidas, sino referencias adaptables a cada contexto organizacional:

- Fomento activo del balance trabajo-familia como política organizacional.

- El bienestar físico, mental y emocional del personal es prioridad permanente.

- Escucha y atención genuina a las necesidades de las personas.

- Ritmo de trabajo sostenible, centrado en equilibrio y salud laboral.

- Trato humano, respetuoso e igualitario en todas las circunstancias.

- Formación continua en lo técnico, lo profesional y lo humano.

- Promoción de la educación como vehículo de desarrollo y movilidad social.

- Crear embajadores internos: colaboradores leales, comprometidos y convencidos.

- Relaciones laborales basadas en confianza, cooperación y comunicación efectiva.

- Flexibilidad con sentido de corresponsabilidad y cumplimiento de objetivos.

- Cero tolerancia a la violencia laboral, la discriminación y el acoso sexual.

- Liderazgo positivo e innovador, inconforme con lo ordinario.

- Desarrollo de habilidades adaptativas, estratégicas y colaborativas.

- Disminución de la brecha salarial de género y entre niveles funcionales.

- Estabilidad emocional y salud mental como prioridad de largo plazo.

- Condiciones laborales que conecten con los propósitos de vida de las personas.

Relevancia Estratégica para el Negocio

Empresas que cuidan de su gente cosechan beneficios tangibles e intangibles que fortalecen su competitividad, sostenibilidad y legitimidad:

- Mayor capacidad para atraer y retener talento.

- Equipos más cohesionados, motivados y eficientes.

- Menor ausentismo, rotación y desgaste organizacional.

- Menores niveles de estrés y mayor compromiso laboral.

- Formación de líderes internos con sentido de propósito.

- Mejora integral del clima organizacional.

- Fortalecimiento de la reputación e imagen pública.

- Vinculación emocional de las personas con la empresa.

- Impulso genuino al desarrollo humano como motor del negocio.

Conclusión

La responsabilidad social no se impone ni se simula: se encarna. Y empieza desde adentro. Una empresa que reconoce que su verdadero capital es humano será capaz de generar riqueza económica, social y emocional de forma sostenida, consciente y con propósito.

Comprometidos con la Comunidad:

Empresas que Generan Valor Social, Inclusión y Desarrollo Compartido

La RSE que Deja Huella en el Entorno

Una empresa que se considera verdaderamente socialmente responsable no puede limitar su impacto positivo a lo que ocurre dentro de sus instalaciones. La responsabilidad social empresarial (RSE) madura, ética y transformadora se extiende hacia las comunidades donde la empresa opera, entendiendo que no es una isla, sino un agente activo del tejido social. Puede y debe ser catalizadora de bienestar, inclusión, oportunidades y desarrollo sostenible.

Este compromiso va más allá de la filantropía ocasional. Implica respeto, diálogo, corresponsabilidad y co-creación. No se trata de hacer caridad, sino de construir alianzas que generen valor para todos, dejando un legado que beneficie tanto a la comunidad como al negocio.

Valores que Inspiran la Acción Comunitaria Empresarial

1. Ciudadanía corporativa activa y participativa

2. Respeto a los valores, costumbres y cultura local

3. Inversión social con propósito, impacto y legado

4. Empoderamiento comunitario para la autonomía y resiliencia

5. Desarrollo de proveedores locales y economía circular

6. Incidencia ética y constructiva en política pública

7. Valor compartido entre todos los grupos de interés (stakeholders)

8. Producción y consumo responsable y sostenible

9. Protección de la salud, seguridad y bienestar de los consumidores

De la Intención a la Acción: Claves para una Estrategia Comunitaria con Sentido

Las empresas comprometidas con su entorno actúan con inteligencia contextual y visión a largo plazo. Esto implica:

- Identificar y comprender las expectativas y prioridades de la comunidad.

- Establecer relaciones de largo plazo basadas en confianza, escucha y reciprocidad.

- Diseñar proyectos alineados con el propósito del negocio y las necesidades sociales.

- Medir el impacto con indicadores tanto cualitativos como cuantitativos.

- Traducir los beneficios sociales en indicadores de valor para la empresa.

- Colaborar con aliados del sector público, privado y social para escalar soluciones.

Entender a qué comunidades pertenece o impacta una empresa es esencial: comunidades de clientes, de colaboradores, de proveedores, de influencia territorial. Definirlas bien es el primer paso para trabajar con enfoque, efectividad y ética.

Importancia Estratégica para el Negocio

La salud, desarrollo y estabilidad de las comunidades influyen directamente en el desempeño de las empresas. Una empresa que invierte en su entorno gana legitimidad, reduce riesgos y se convierte en parte de la solución. Entre los beneficios estratégicos están:

- Fuente de talento, proveedores, clientes y reputación.

- Reducción de resistencias sociales y conflictos.

- Generación de alianzas de largo plazo y licencia social para operar.

- Mejora de la imagen pública, cobertura positiva en medios y reconocimiento social.

- Acceso a nuevos mercados y diferenciación por compromiso genuino.

Resultados Esperables de una Estrategia Comunitaria Efectiva

- Mejores niveles de educación, salud y cohesión social.

- Mayor empoderamiento económico y productivo local.

- Comunidades con mayor bienestar, seguridad y resiliencia.

- Alianzas multisectoriales sólidas y duraderas.

- Relaciones transparentes y positivas con autoridades, vecinos y organizaciones.

- Fidelidad del consumidor basada en valores compartidos.

- Incremento de ventas por conexión emocional y reputación fortalecida.

- Impacto medible en el bienestar colectivo y desarrollo sostenible local.

Conclusión

Una empresa no se define solo por lo que produce, sino también por lo que promueve, apoya y transforma a su alrededor. El compromiso con la comunidad no es un gesto altruista, es una decisión estratégica, humana y consciente que multiplica el valor social y empresarial.

Cuando una empresa se compromete auténticamente con el desarrollo de su comunidad, deja una huella que trasciende el mercado: construye futuro, genera confianza, y demuestra que el éxito más grande es el que se comparte.

Compromiso Ambiental Empresarial:

Uso Responsable de Recursos y Conservación del Medioambiente

Empresas que Suman al Planeta: Una Mirada desde la Sostenibilidad Consciente

Hoy más que nunca, el compromiso ambiental de las empresas no es una opción, sino un deber estratégico, ético y operativo. Las organizaciones verdaderamente responsables no se limitan a cumplir con normas mínimas: asumen la sostenibilidad ambiental como una parte central de su visión y competitividad de largo plazo.

Valores Fundamentales para una Gestión Ambiental responsable

1. Respeto al entorno, los recursos y el medio ambiente

2. Operaciones ambientales sustentables

3. Inversión sustentable

4. Economía circular

5. Disminución de la huella ambiental

6. Cadena productiva responsable

7. Uso consciente y eficiente de los recursos naturales

De la Intención a la Acción Ambiental

Uno de los grandes retos del siglo XXI es generar riqueza y bienestar sin depredar el entorno. Las empresas deben adoptar prácticas que optimicen recursos, reduzcan desperdicios y minimicen sus impactos negativos sobre el planeta. Eso significa transitar de modelos lineales a circulares, de la extracción a la regeneración.

Prácticas clave:

- Incluir criterios ambientales en la planeación estratégica y operativa.

- Medir y reducir la huella ecológica de productos, procesos y servicios.

- Adoptar sistemas de gestión ambiental certificados (ISO 14001, EMAS, etc.).

- Apostar por energías renovables, eficiencia hídrica y uso racional del suelo.

- Establecer criterios de sostenibilidad en toda la cadena de suministro.

- Innovar en diseño con enfoque de ciclo de vida y minimización de residuos.

El medioambiente es un sistema complejo formado por elementos bióticos (flora, fauna, microorganismos) y abióticos (agua, aire, suelo, clima). Su conservación no es solo un acto ético: es una inversión estratégica que garantiza la continuidad del negocio y la calidad de vida.

Desarrollo Sustentable: Un Imperativo Empresarial

La idea de "medioambiente" está hoy íntimamente ligada al concepto de desarrollo. El desarrollo sustentable exige que las decisiones empresariales garanticen la calidad de vida de las generaciones actuales sin comprometer a las futuras.

Esto requiere:

- Equilibrar el crecimiento económico con la preservación del entorno.

- Adoptar una lógica preventiva antes que reactiva.

- Invertir en tecnologías limpias, regenerativas y socialmente responsables.

Por Qué Importa para el Negocio

El entorno natural es proveedor esencial de recursos, inspiración y resiliencia. Su deterioro amenaza la sostenibilidad de toda operación productiva. Integrar la sostenibilidad ambiental permite:

- Acceder a financiamiento e inversión con criterios ESG.

- Reducir costos mediante el uso eficiente de insumos y energía.

- Aumentar la productividad, la innovación y la competitividad.

- Cumplir con regulaciones ambientales y evitar sanciones o cierres.

- Fortalecer la marca y generar confianza con los grupos de interés.

Impacto sobre los Grupos de Interés

El desempeño ambiental de la empresa afecta de forma directa o indirecta a todas sus audiencias clave:

- Clientes que demandan productos con menor huella ecológica.

- Colaboradores que valoran trabajar en empresas con propósito.

- Comunidades que conviven con las operaciones y esperan respeto.

- Proveedores que deben adaptarse a criterios de sostenibilidad.

- Gobiernos y reguladores que monitorean el cumplimiento.

Es fundamental evaluar el tipo y magnitud de los impactos según el sector, el modelo de negocio y el territorio donde se opera. En sectores como el energético, los impactos pueden ser muy diferentes entre la extracción, la producción o la distribución. En todos los casos, la transparencia, el diálogo y la corresponsabilidad son claves.

Conclusión

Una empresa que apuesta por la sostenibilidad ambiental no lo hace solo por imagen: lo hace por conciencia, visión de futuro y responsabilidad con las personas y el planeta. Cuidar el medioambiente ya no es un lujo ni una moda: es parte del deber ser de las empresas que quieren trascender.

La sostenibilidad ambiental bien gestionada genera beneficios compartidos, refuerza la resiliencia organizacional y contribuye al desarrollo regenerativo del entorno.

Cultura y Gestión Responsable en las Empresas:

Clave para el Bien Común y la Sostenibilidad

Empresas con Propósito en un Entorno Desigual

El desarrollo económico y social mejora la calidad de vida de las comunidades. Sin embargo, en países como México aún existen desafíos significativos para garantizar un entorno que proporcione bienestar a toda la sociedad. En este contexto, las empresas no solo deben verse como generadoras de riqueza, sino como actores fundamentales en la construcción de una economía más justa, incluyente y sostenible. La globalización ha ampliado su poder e influencia, así como su corresponsabilidad con los desafíos sociales.

Generación de Riqueza con Conciencia Social

La única forma sostenible de combatir la pobreza es generando riqueza. Pero esa riqueza debe distribuirse de forma justa y contribuir al desarrollo del entorno. La pobreza es un problema estructural que involucra a todos. Las empresas no pueden prosperar en un país que no genera empleos ni oportunidades. Por tanto, su compromiso social debe reflejarse en su visión, cultura y modelo de negocio.

Medición del Desempeño Responsable

Para que las acciones en RSE sean creíbles y efectivas, deben ser medibles, comunicables y coherentes. No se trata solo de hacer, sino de demostrar con evidencia el impacto generado. Esto implica:

- Definir indicadores cuantitativos y cualitativos claros.

- Reportar de manera transparente y verificable.

- Evaluar cómo se genera valor para todos los grupos de interés.

La RSE bien gestionada ofrece beneficios tangibles, se anticipa a las exigencias regulatorias y fortalece la confianza con el entorno.

La RSE como Pilar Estratégico Empresarial

Hoy, una estrategia de negocio sólida debe considerar, además de la rentabilidad, otros pilares fundamentales:

- Capital adecuado.

- Gestión eficiente

- Tecnología e innovación

- Calidad y servicio al cliente

- Estrategia integral de RSE

Todos estos pilares están interconectados. La RSE no es un elemento decorativo; es una ventaja competitiva integral y transversal que impulsa el valor a largo plazo.

Grupos de Interés: Aliados para el Valor Compartido

Toda empresa tiene el deber de identificar y gestionar a sus partes interesadas. Estas pueden clasificarse como:

- **Consustanciales:** inversionistas y socios, sin los cuales la empresa no existiría.

- **Contractuales:** colaboradores, clientes y proveedores, con vínculos formales y operativos.

- **Contextuales:** autoridades, comunidades, organizaciones sociales, competidores y el medioambiente, que otorgan legitimidad y licencia social para operar.

La gestión responsable exige diálogo, empatía y respuesta proactiva a las expectativas de estos actores.

La RSE como Cultura de Gestión

Integrar la RSE a la cultura empresarial implica:

- Incorporarla a la planeación estratégica y toma de decisiones.

- Establecer canales permanentes de diálogo con los grupos de interés.

- Fomentar una visión sistémica que rompa con los enfoques fragmentados.

Una empresa con cultura responsable no actúa por presión externa, sino por convicción interna.

Empresas que Trascenderán: Ciudadanía Corporativa Activa

Hoy las empresas deben:

- Actuar con ética y coherencia.

- Respetar derechos humanos y laborales.

- Minimizar su huella ambiental.

- Producir con responsabilidad y generar desarrollo comunitario.

Esto se traduce en beneficios reales como:

- Mayor confianza del mercado y los inversionistas.

- Reducción de costos y riesgos.

- Mejora del clima laboral y la productividad.

- Fortalecimiento de la reputación.

Claves para el Futuro: Propósito y Liderazgo Consciente

El futuro pertenece a las empresas con propósito. Algunas claves esenciales son:

1. Compromiso con un propósito que trascienda las utilidades.

2. Cultura organizacional ética y humana.

3. Liderazgo empoderador, basado en la confianza.

4. Integración de los stakeholders como co-creadores de valor.

5. Trabajo decente y sentido de realización personal.

6. Conciencia y responsabilidad ambiental.

7. Inversión en calidad de vida para las comunidades.

Cuando estos componentes se articulan, nace un nuevo modelo: la empresa como motor de bienestar social.

Hacia una Nueva Forma de Hacer Empresa

La RSE no está muerta ni pasada de moda. Está evolucionando hacia un modelo de empresa con propósito, que busca dejar huella positiva. Este llamado es para todas las empresas: grandes, medianas o pequeñas. La clave está en adoptar una visión transformadora, humana y sostenible.

La empresa con propósito será más competitiva, más confiable y atractiva. No porque sea perfecta, sino porque está alineada con lo que la sociedad espera y necesita. Y, sobre todo, porque entiende que su éxito real es inseparable del bienestar colectivo.

El Propósito de la Empresa:

Mucho Más que una Guía para competir, crecer y trascender

Empresas que Trascienden: Cuando el Propósito se Convierte en Estrategia

Cada vez más empresas destacan no solo por su rentabilidad, sino por su capacidad para resolver desafíos sociales. Estas organizaciones crecen, satisfacen las necesidades de sus clientes y aprovechan al máximo el talento de sus colaboradores. ¿El común denominador? Tienen un propósito claro y auténtico.

En un entorno de disrupción global donde las ventajas competitivas tradicionales se diluyen, el propósito social se convierte en un diferenciador poderoso. Las empresas que acompañan a la sociedad en sus retos más urgentes encuentran legitimidad, sentido y éxito comercial.

Del Eslogan a la Acción: Propósito como Modelo de Negocio

Vivimos una era marcada por la desconfianza hacia grandes corporaciones, gobiernos y medios. La demanda por transparencia es creciente. Hoy, las empresas deben definirse y comprometerse activamente con el bien común. No basta con "no hacer daño"; deben generar valor real, contribuyendo positivamente como ciudadanos corporativos.

Mientras algunos condenan a la RSE como estrategia fallida, el propósito social emerge con fuerza. En realidad, la responsabilidad social no está herida de muerte: está evolucionando. Lo que sí ha perdido credibilidad es su uso superficial e incongruente.

Ahí entra el propósito: define y orienta a la empresa hacia un impacto genuino, consistente con sus decisiones de negocio.

¿Qué es el Propósito?

El propósito responde a la gran pregunta: ¿por qué existe una empresa? Funciona como guía para la estrategia y el comportamiento organizacional. Captura la transformación que busca generar en el mundo.

Una empresa con propósito integra esta visión en su operación, sus productos, su cultura laboral, su comunicación y su relación con los grupos de interés. Va más allá de un eslogan: es una causa compartida que inspira, orienta y diferencia.

Propósito vs. Propósitos: Una Distinción Crucial

No debe confundirse un "propósito comercial" (como mejorar productividad o vender más) con ser una empresa "con propósito" (que existe para resolver un problema social o ambiental relevante). El primero busca beneficios; el segundo, generar impacto.

Por ejemplo, una marca de chocolate que ofrece el mejor producto orgánico tiene un noble objetivo comercial, pero no necesariamente un propósito social. En cambio, si ese negocio se enfoca en erradicar la explotación infantil en la cadena de suministro del cacao, entonces sí estamos hablando de un propósito transformador.

Casos Inspiradores: El Ejemplo de Southwest Airlines

Southwest Airlines, una de las aerolíneas más importantes de EE. UU., adoptó como propósito dar a la gente la libertad de volar. En plena crisis del sector, cuando otras aerolíneas comenzaron a cobrar por equipaje, Southwest decidió no hacerlo, pues iba contra su propósito. ¿El resultado? Aumentó ingresos y reforzó la lealtad de sus clientes.

El propósito se vive también internamente. Su cultura se rige por "la regla de oro": tratar a los demás como deseas ser tratado. Este principio guía decisiones, motiva a empleados y construye relaciones auténticas con clientes y la sociedad.

Beneficios Tangibles de una Empresa con Propósito

- **Innovación y desempeño financiero:** Permite identificar oportunidades, optimizar recursos y diferenciarse en el mercado.

- **Atracción y retención de talento:** Empleados motivados por causas relevantes permanecen y se comprometen más.

- **Relaciones sólidas con grupos de interés:** Clientes, proveedores, inversionistas y gobiernos valoran la autenticidad y coherencia.

- **Mejor reputación:** El compromiso social y ambiental mejora la imagen pública y la licencia social para operar.

Según Havas Media, las marcas con propósito superan al mercado en 133%. El propósito compartido establece pautas de acción interna e inspira soluciones más allá del producto o servicio.

¿Cómo Definir el Propósito?

Preguntas clave para comenzar:

- ¿Por qué existe nuestra empresa más allá de ganar dinero?

- ¿Qué impacto positivo podemos tener en la sociedad?

- ¿Cómo contribuye nuestro negocio a mejorar vidas o resolver un problema?

- ¿Qué valoran nuestros grupos de interés?

- ¿Qué cambio significativo deseamos impulsar?

Características de una Declaración de Propósito Efectiva

- Clara y sin ambigüedades.

- Inspiradora y motivadora.

- Conectada con la identidad y competencias centrales de la empresa.

- Delimitada y concreta en su alcance e impacto.

- Auténtica y medible.

Conclusión: El Futuro de los Negocios Tiene Propósito

Las empresas con propósito crecen, inspiran y transforman. La sociedad espera más que productos; busca aliados en la construcción de un futuro mejor. El propósito no es un lujo, es una estrategia poderosa que conecta, moviliza y da sentido.

Tener un propósito claro, compartido y congruente con las decisiones empresariales es, hoy más que nunca, una ventaja competitiva, una fuente de innovación y una brújula ética. Y, sin duda, es la vía para dejar una huella positiva y duradera.

Las piedras angulares del éxito sostenible y responsable:

Integrar la RSE a la estrategia empresarial para un impacto duradero

I. Empresarialidad y desarrollo social: bases complementarias

Una cultura empresarial vibrante, innovadora y responsable, junto con un sector privado diversificado, representa una de las fuentes más valiosas de riqueza que un país puede tener. Pero esta riqueza no puede medirse solo en términos financieros. El desarrollo social, entendido como el fortalecimiento del capital humano y del tejido social, es igualmente indispensable para construir una sociedad funcional, justa y resiliente.

La empresa, más allá de cumplir con las leyes y generar beneficios económicos, tiene la capacidad de maximizar los impactos positivos y minimizar los negativos de sus operaciones. Esto se logra integrando consideraciones económicas, sociales y ambientales en el núcleo de su actividad. También puede aportar al desarrollo del país mediante inversiones sociales estratégicas, participación en el debate de políticas públicas y generación de alianzas multisectoriales.

II. De la filantropía a la estrategia: la evolución de la RSE

Hablar de responsabilidad social empresarial (RSE) es hablar de decisiones y acciones empresariales guiadas por principios éticos, en armonía con la legalidad, el respeto a las personas y el cuidado del medio ambiente. No se trata únicamente de "cumplir", sino de superar las expectativas sociales, comerciales y éticas que la comunidad deposita en las organizaciones.

Esta visión exige que las empresas integren políticas, prácticas y programas orientados a mejorar el desempeño de la vida nacional. La RSE debe reflejarse en la estrategia, la cultura y el modelo operativo de la empresa.

Para ello, es indispensable el compromiso de líderes y empresarios que comprendan su papel en el ecosistema social.

III. RSE viable para empresas de todos los tamaños

Uno de los mayores retos es lograr que las pequeñas y medianas empresas adopten prácticas de RSE como parte natural de su gestión. Como destacan Gerardo Lozano y Lizeth Leal en "México: dejando atrás la filantropía", es clave acercarse a un enfoque estratégico que integre las preocupaciones sociales y comunitarias en la planificación y operación diaria.

El debate se transforma cuando la relación entre RSE e impacto empresarial se hace evidente: más ingresos, menor rotación, reducción de costos, mayor satisfacción del cliente, mejor clima laboral. Entonces, la RSE deja de ser una obligación moral para convertirse en una fuente de ventaja competitiva.

Superar los discursos filantrópicos tradicionales también es clave. Frases como "devolver a la sociedad lo que nos ha dado" refuerzan la idea de que el éxito económico es algo que debe justificarse. En cambio, la RSE debe entenderse como una estrategia que genera valor compartido, sin pedir disculpas por la rentabilidad.

IV. Invertir con visión social: cambiar el marco de gestión

La inversión en iniciativas sociales no debe verse como un gasto accesorio, sino como una inversión estratégica, al igual que el desarrollo de un nuevo producto o servicio. La RSE debe estar integrada en el corazón del negocio. Esto implica conocer el entorno, identificar oportunidades, gestionar riesgos y contribuir activamente al desarrollo del contexto en el que opera.

Así, la responsabilidad social se convierte en motor de crecimiento. Las empresas que lo comprenden ganan legitimidad, confianza y preferencia entre sus grupos de interés: clientes, inversionistas, empleados y comunidades.

Es necesario reconocer que las empresas buscan beneficios —tangibles o intangibles, a corto o largo plazo—. Lo relevante es identificar aquellos beneficios válidos y sostenibles que justifiquen y motiven su compromiso con la RSE.

V. Sostenibilidad y rentabilidad: una alianza estratégica

Sustentabilidad no es sinónimo de "ser ecológico". En la práctica, significa ser viable a largo plazo, considerando factores ambientales, sociales y económicos. En ese sentido, no está lejos del concepto de rentabilidad, pero lo amplía y profundiza.

Una empresa puede ser sustentable sin ser responsable, pero si los impactos negativos superan a los positivos y se pierde la confianza social, esa sostenibilidad se evapora. Ejemplo de ello es el caso de Pan Am, que, a pesar de ser un ícono global, colapsó tras una crisis mal gestionada, perdiendo su licencia moral para operar.

Por el contrario, una empresa responsable está mejor posicionada para alcanzar la sustentabilidad. Aunque no sean sinónimos, responsabilidad social y sustentabilidad son aliadas naturales. La RSE es el camino hacia una empresa sustentable, y ese camino debe recorrerse en diálogo con todos los actores sociales.

VI. La RSE como camino, no como destino final

La responsabilidad social no es un punto de llegada, sino una ruta dinámica que evoluciona junto con el contexto, los desafíos y las expectativas de la sociedad. No hay fórmulas universales: cada empresa tiene su propio trayecto, definido por sus impactos, grupos de interés y capacidades.

La RSE actúa como una brújula que orienta la conducta empresarial hacia un propósito más profundo: construir bienestar colectivo al tiempo que se crea valor económico.

No podemos volver a una lógica egocéntrica donde la empresa actúa desde una perspectiva unilateral. Hoy más que nunca se necesita apertura, escucha y colaboración.

VII. Un cambio cultural y estratégico irreversible

Cada vez más empresas entienden que la RSE no es opcional. Es parte integral de la gestión moderna y de una cultura empresarial que busca legitimidad, resiliencia y reputación. La función de responsabilidad social, antes marginal, es hoy una realidad institucionalizada en empresas de todos los sectores.

Este cambio cultural se refleja en estructuras organizativas, en políticas corporativas y en la forma de dialogar con la sociedad. La RSE seguirá evolucionando, incorporando nuevas temáticas y adaptándose a nuevas exigencias. Pero su rol como habilitador de la sostenibilidad, del éxito del negocio y del bienestar colectivo permanecerá intacto.

Porque donde hay comunidades sanas y prósperas, florecen empresas exitosas. Y donde hay empresas responsables, florece también la esperanza de un desarrollo más equitativo, consciente y duradero.

Empresa y negocio con propósito en 10 pasos:

UNA GUÍA PARA LIDERAR CON SENTIDO Y CREAR VALOR COMPARTIDO

Las empresas con propósito no solo buscan maximizar sus beneficios financieros, sino también generar un impacto positivo duradero en la sociedad. Actúan por convicción, integrando un legado de valor social, ambiental y humano en el centro de su razón de ser. Esta es, en realidad, la forma más inteligente y sustentable de lograr sus propios objetivos de negocio.

A continuación, se presentan diez pasos clave para que las empresas y negocios actúen con propósito. Cada organización es única, por lo que estos principios deben adaptarse a su realidad, contexto y madurez institucional.

1. Definir un propósito claro, inspirador y orientado al bien común

El propósito es la razón de ser que trasciende el lucro. Surge del equilibrio entre las capacidades internas, la pasión por el negocio, las necesidades de las partes interesadas y una contribución significativa a la sociedad.

2. Fortalecer relaciones ganar-ganar con las partes interesadas

Reconocer la interdependencia con los stakeholders (clientes, empleados, comunidades, inversores, aliados) implica asumir compromisos sólidos con ellos, incluso en escenarios de crisis, cultivando la confianza y la colaboración.

3. Colocar la ética en el centro de todas las decisiones

La transparencia, la coherencia entre lo que se dice y se hace, y el cumplimiento de compromisos son principios innegociables. La ética no solo es un valor, sino una ventaja competitiva sostenible.

4. Escuchar e integrar visiones compartidas

La empresa con propósito involucra activamente a sus grupos de interés en la construcción de su visión de futuro, fomentando una cultura de escucha genuina, co-creación y mejora continua.

5. Medir, reconocer y compartir el valor generado

Implementa mecanismos para monitorear y comunicar el valor creado para cada parte interesada. Al generar valor compartido, la organización fortalece su legitimidad, rentabilidad y resiliencia.

6. Promover una cultura de integridad y cumplimiento

Adopta principios éticos locales e internacionales, capacita a sus líderes y colaboradores para actuar con integridad, y estimula la toma de decisiones correctas, incluso sin supervisión directa.

7. Desarrollar políticas con enfoque humano y sostenible

Sustenta sus prácticas en políticas que promuevan la igualdad de oportunidades, el balance vida-trabajo, el respeto ambiental, la dignidad de las personas y el comercio justo.

8. Reconocer a empleados y aliados como ventaja competitiva

Identifica a sus colaboradores y proveedores como socios estratégicos que comparten el propósito. Los empodera, escucha y desarrolla para construir relaciones duraderas y de alto valor.

9. Fomentar un entorno laboral estimulante e inclusivo

Promueve espacios de trabajo colaborativos, equitativos, creativos e innovadores, donde florecen la confianza, el bienestar, la participación y el compromiso de todas las personas involucradas.

10. Impulsar un liderazgo coherente y movilizador

El liderazgo impulsado por el propósito inspira, conecta e involucra a todos. Es el motor que moviliza la acción colectiva y construye un legado significativo que trasciende generaciones.

Conclusión

Una empresa con propósito no espera a que las condiciones cambien: las transforma. No justifica su éxito, lo comparte. Porque al poner en el centro el bien común, construye también las bases de su sostenibilidad, legitimidad y competitividad futura.

El Camino: ¿Por dónde empezamos para ser una empresa consciente, sostenible y responsable?

La transformación no es opcional

En menos de 20 años, el mundo de los negocios pertenecerá a aquellas empresas que se vinculen genuinamente con la sociedad, alineando su existencia a un propósito compartido con sus grupos de interés. Ser o no responsables dejará de ser una opción: será una condición indispensable para operar con legitimidad, relevancia y continuidad en mercados cada vez más exigentes, transparentes y guiados por valores.

Sin embargo, esta transformación no ocurre de la noche a la mañana. Requiere tiempo, voluntad, visión estratégica y, sobre todo, compromiso genuino. Solo algunas empresas serán lo suficientemente audaces para asumirla desde ahora, anticipándose a las tendencias regulatorias, sociales y del mercado. La pregunta clave es: ¿cuáles de las empresas actuales estarán listas para liderar esta transición hacia un nuevo paradigma empresarial?

Cada empresa, su propio camino

No existe un solo camino para la Responsabilidad Social. Es una ruta permanente, no necesariamente costosa ni imposible, una vez que la empresa empieza el costo de volver atrás puede ser mayor.

No existe una receta universal. Cada empresa tiene una historia, un contexto, un nivel de madurez y una cultura organizacional distinta. Lo importante es comenzar. Pero ¿por dónde hacerlo? ¿Cuáles son las rutas más comunes y efectivas para integrar la RSE desde cero o fortalecer lo que ya se ha venido haciendo de manera espontánea?

Con base en estudios de caso analizados por Fórum Empresa, se pueden distinguir tres rutas iniciales que permiten avanzar de forma realista y efectiva:

Ruta 1: La Ruta Analítica – Cuando el punto de partida es el riesgo

Esta ruta parte del análisis riguroso de los riesgos clave para la organización y los intereses de sus grupos de interés. Es ideal para empresas con una cultura de gestión estructurada, orientadas a la prevención, control y mitigación de impactos.

Pasos clave:

1. Analizar los riesgos (internos y externos), alineados a las cuatro líneas estratégicas de RSE (gobierno corporativo, social, ambiental y económica).

2. Identificar los intereses críticos de los grupos de interés que se ven afectados o pueden influir en el negocio.

3. Detectar convergencias entre intereses empresariales, riesgos clave y expectativas de stakeholders.

4. Priorizar temáticas compartidas y definir un área de enfoque clara, relevante y factible.

5. Diseñar un programa piloto de RSE con base en ejemplos validados y casos de éxito afines al contexto de la empresa.

Esta ruta busca el "ganar-ganar" estratégico desde el inicio. Aunque el análisis profundo de grupos de interés no es obligatorio en una primera fase, su incorporación aumenta considerablemente la probabilidad de éxito, legitimidad y aceptación del programa.

Además, permite tomar decisiones más informadas, proactivas y orientadas a impactos tangibles tanto para la empresa como para la comunidad.

Ruta 2: La Ruta de la Oportunidad – Cuando el impulso nace de las personas

En este enfoque, un miembro del equipo (o el propio dueño en el caso de una PYME) identifica una causa, conexión o experiencia previa que puede convertirse en un proyecto de RSE. Suele surgir de forma espontánea y emocional, movilizando voluntades y recursos internos con gran autenticidad.

Pasos clave:

1. Identificar al impulsor interno con tiempo, pasión y conocimiento para liderar la iniciativa.

2. Validar que la iniciativa esté alineada con el interés estratégico, los valores y la cultura de la organización.

3. Definir el programa, apoyándose en ejemplos prácticos y asegurando su viabilidad a largo plazo.

Este enfoque es común en pequeñas empresas, donde las motivaciones personales del liderazgo se traducen en compromiso organizacional. Es clave asegurarse de que no se convierta en una acción aislada, filantrópica o desvinculada del negocio. La clave está en conectar esa motivación con los objetivos empresariales para escalar su impacto.

Ruta 3: La Ruta del Reconocimiento – Cuando ya se ha comenzado sin saberlo

Muchas empresas ya realizan actividades con valor social o ambiental sin etiquetarlas como RSE o sin sistematizarlas. El primer paso es reconocer estas acciones, evaluarlas y decidir si conviene fortalecerlas, articularlas mejor o expandirlas estratégicamente.

Pasos clave:

1. Identificar prácticas existentes que califiquen como RSE, aun cuando no hayan sido diseñadas con ese enfoque.

2. Evaluar su impacto, pertinencia y conexión con los grupos de interés.

3. Decidir entre consolidar, ampliar o complementar con nuevas iniciativas más estructuradas.

Este enfoque es especialmente valioso para empresas que no parten de cero, pero que desean avanzar con más claridad, coherencia, visibilidad y alineación interna. También ayuda a visibilizar el esfuerzo existente y construir sobre logros previos.

Un camino largo, permanente y sin retorno

El camino de la RSE no tiene destino final. Es un proceso continuo de aprendizaje, adaptación y mejora. Las empresas que lo recorren asumen que nunca dejarán de transformar sus prácticas, medir sus impactos, comunicar sus avances y escuchar a sus grupos de interés. Más que una meta, se trata de un modelo de gestión evolutivo.

Este camino se consolida en tres grandes etapas:

Etapa 1: Reconocimiento y formalización

La empresa identifica que ya hace algo o que quiere iniciar. Se reconoce la necesidad de integrar la RSE de forma sistémica, no como acción aislada, sino como parte de la cultura, la estrategia y la operación.

Etapa 2: Mejora y ampliación

Evalúa los programas actuales, busca oportunidades de mejora y expansión. Incluye capacitación interna, establecimiento de políticas claras, creación de indicadores, alianzas estratégicas y profesionalización del enfoque.

Etapa 3: Comunicación y transparencia

Comparte sus avances mediante reportes o canales internos y externos. Está dispuesta a someter sus acciones a verificación independiente, fortaleciendo la credibilidad, confianza y legitimidad ante sus públicos.

En esta etapa, la empresa ya ha consolidado una cultura de responsabilidad y tiene la confianza suficiente para abrir sus procesos a la opinión pública y rendir cuentas sobre su impacto.

El momento de empezar es ahora

Sea cual sea la ruta elegida, lo importante es comenzar. Cada paso, por pequeño que sea, es parte de una evolución hacia una empresa más consciente, resiliente y comprometida. La RSE no se trata de hacer más, sino de hacerlo mejor, con mayor sentido y propósito.

Porque solo las empresas que caminan con propósito podrán seguir avanzando cuando el mundo cambie. Y el mundo ya está cambiando. Lo que hagamos hoy definirá la licencia para operar mañana. Y el momento para actuar es ahora.

La Responsabilidad Social Empresarial no es una moda:

Es la evolución inevitable del modelo de negocio inteligente, humano y sostenible del siglo XXI

I. De la confusión a la claridad: comprendiendo el verdadero sentido de la RSE

Desde su aparición como concepto moderno, la Responsabilidad Social Empresarial (RSE) ha sido constantemente puesta a prueba. A lo largo de los años, se ha interpretado de múltiples formas: como filantropía corporativa, como marketing con causa, como herramienta de reputación o como forma de demostrar ciudadanía corporativa. Y aunque puede integrar elementos de todo ello, su esencia es más profunda: es la forma en que una empresa reconoce, asume y gestiona su responsabilidad ante los impactos que genera en la sociedad, en el entorno y en sus relaciones con las partes interesadas.

Durante décadas se ha especulado sobre su vigencia, especialmente con la aparición de conceptos como sostenibilidad, ciudadanía corporativa, economía circular o valor compartido. Sin embargo, lejos de desaparecer, la RSE se ha consolidado como un lenguaje común e integrador que conecta los intereses de empresas, gobiernos, comunidades, consumidores e inversores en un contexto global que exige mayor coherencia, transparencia e impacto positivo.

II. La responsabilidad no es optativa: es la base de la legitimidad empresarial

El mundo cambia, las expectativas evolucionan y las empresas no pueden mantenerse al margen. Hoy más que nunca, la responsabilidad empresarial ya no es un atributo deseable: es una condición para operar, crecer y perdurar. Ignorar esta realidad es tan imprudente como apagar la señal de alerta en un tablero de auto: puede evitarse la molestia inmediata, pero no las consecuencias inevitables.

Cambiarle el nombre a la RSE, disfrazarla de moda pasajera o reducirla a una herramienta de comunicación, no anula el hecho de que la sociedad sigue demandando empresas más responsables, más conscientes y humanas. Y esa expectativa crece cada día.

III. De la declaración al compromiso: integrar la RSE en el ADN organizacional

Hoy ya no basta con hablar de responsabilidad. Lo fundamental es cómo se vive cotidianamente, cómo se expresa en cada decisión y cómo se convierte en parte intrínseca de la cultura organizacional. Un número creciente de empresas está comprendiendo que la responsabilidad no es un área aparte, sino una dimensión esencial de la estrategia, la gestión, la planificación y la operación empresarial.

Integrar la RSE al ADN empresarial implica establecer políticas claras, indicadores medibles, mecanismos de escucha activa y gobernanza ética. Supone generar capacidades internas, fomentar una cultura de diálogo y construir alianzas con los grupos de interés. Es decir, pasar de lo simbólico a lo estructural.

IV. Ni maquillaje reputacional ni tendencia de moda: la RSE como palanca de competitividad

Es cierto que la RSE ha sido malinterpretada y mal usada en muchas ocasiones. Casos de greenwashing y estrategias cosméticas han empañado su credibilidad. Pero esas distorsiones no anulan su potencial cuando se aplica con autenticidad, convicción y profundidad.

Una RSE bien entendida e implementada no es una estrategia de relaciones públicas: es una forma inteligente de hacer negocios. Mejora el entorno, reduce riesgos, fortalece vínculos con los stakeholders, fideliza clientes, atrae talento, abre nuevos mercados y refuerza el valor de la marca. Y todo ello contribuye a construir una ventaja competitiva sostenible.

V. Del discurso a los datos: medir el impacto para fortalecer el propósito

En la nueva era empresarial, el discurso sin evidencia pierde fuerza. Por eso, el desafío es claro: demostrar, con datos sólidos, que la RSE aporta valor tangible al negocio. No basta con hablar de valores; es necesario establecer relaciones causa-efecto entre prácticas responsables y resultados estratégicos.

Estas son algunas de las preguntas clave:

- ¿Contribuye la RSE a alcanzar los objetivos de negocio?

- ¿Permite generar nuevos ingresos o reducir costos?

- ¿Mejora el clima laboral, la productividad o la retención de talento?

- ¿Disminuye riesgos reputacionales, operativos o legales?

- ¿Aumenta la confianza de los stakeholders y la legitimidad social?

- ¿Fortalece la innovación y abre nuevas oportunidades de mercado?

Responder con rigor a estas preguntas no solo fortalece la narrativa de la empresa, sino que la posiciona como un actor relevante y confiable en un entorno cada vez más exigente.

VI. Liderazgo con propósito: el alma de la transformación empresarial

Tras más de tres décadas de evolución, aprendizajes y desafíos, la RSE ya no puede seguir siendo una función aislada. Su verdadero valor se activa cuando se convierte en una filosofía transversal de liderazgo, gestión y toma de decisiones.

Hoy el mundo necesita empresas que no solo digan, sino que hagan. Que no solo cumplan, sino que se comprometan. Que reconozcan su rol en el ecosistema social y actúen en consecuencia. La coherencia es el nuevo liderazgo. Y la responsabilidad, su prueba más visible.

Por eso, la RSE no es ni será una moda pasajera. Es una forma de construir empresas más humanas, más estratégicas, más resilientes y mejor preparadas para el futuro. Y ese futuro, no está por venir: ya está en marcha.

El valor estratégico de un propósito empresarial auténtico:

Construir confianza, alinear cultura y generar impacto sostenible y medible

I. Propósito que se vive o se diluye: la clave está en la coherencia

El valor real de un propósito que va más allá del beneficio económico solo se manifiesta si las personas dentro de la organización creen profundamente que ese propósito es auténtico. Si el mensaje del propósito no es vivido con coherencia y consistencia en el día a día de la organización, pierde fuerza como motor de inspiración, compromiso y lealtad interna.

Un liderazgo sin una narrativa clara y unificada puede dejar espacio para tensiones entre lo que se predica y lo que se hace. Cuando los valores y el propósito no están bien integrados, surgen contradicciones entre las decisiones orientadas al beneficio y aquellas impulsadas por los valores. Solo un liderazgo efectivo, congruente y transformador es capaz de lograr que ambos enfoques se potencien entre sí.

II. Las marcas son juzgadas más por lo que hacen que por lo que dicen

Los consumidores exigen más. De acuerdo con el Barómetro de Confianza de Edelman (2016), el 80% de las personas encuestadas a nivel mundial creen que las empresas pueden y deben ser actores claves en la solución de los problemas sociales, sin renunciar a la generación de utilidades. Además, el 81% esperan que sus compras aporten algo más que una simple transacción funcional: quieren valores, coherencia y propósito.

Según Harvard Business Review, el 80% de los líderes empresariales afirman que tener un propósito claro fortalece la lealtad de los clientes. Sin embargo, el discurso no basta si la experiencia que tienen empleados, proveedores o clientes lo contradice. Si una empresa declara que quiere "marcar la diferencia en la vida de las personas", pero en la práctica prioriza solo el precio y la rentabilidad, perderá credibilidad y confianza.

III. Sin alineación interna, el propósito se queda en buenas intenciones

Lograr que todas las partes de la organización reflejen y refuercen el propósito es un requisito para que éste se materialice en impacto. Si los equipos de ventas están enfocados exclusivamente en volumen y descuento, mientras el marketing promueve sostenibilidad y calidad, el mensaje será incoherente. Si Recursos Humanos contrata a personas sin afinidad con los valores, se estará erosionando la cultura desde dentro.

En este contexto, los productos y servicios no son un fin, sino el medio a través del cual se concreta el propósito. Si una empresa declara su propósito "resolver problemas sociales relevantes", entonces debe diseñar su oferta de valor para contribuir directamente a ello. Esto puede blindar a la empresa ante legislaciones futuras, fortalecer la reputación y generar lealtad real.

La inconsistencia puede tener consecuencias materiales. Ignorar los efectos sociales de un producto porque resulta rentable a corto plazo puede volverse en contra cuando se expongan sus impactos negativos.

IV. Confianza, autenticidad y reputación: activos que no se improvisan

Construir confianza requiere consistencia. Si una marca es capaz de contar su historia de forma clara, coherente y creíble, será más fácil que los clientes crean en sus intenciones y se identifiquen con ella. Hoy, los consumidores buscan marcas que compartan sus valores y demuestren impacto social o ambiental positivo.

El propósito debe estar en el corazón de la identidad de marca. No como un eslogan, sino como un reflejo auténtico de la cultura, las decisiones y la propuesta de valor. Las marcas que intentan subirse a esta tendencia sin coherencia en sus prácticas enfrentarán escepticismo y rechazo. No se espera perfección, pero sí compromiso serio y mejora continua.

V. Ejecución con impacto: el propósito también se gestiona

Una conexión emocional con los clientes no se construye solo con intenciones, sino con acciones consistentes. El propósito debe reflejarse tanto en los productos como en la experiencia de marca. Para eso, es necesario establecer indicadores claros de éxito que midan tanto resultados financieros como beneficios sociales o ambientales.

Medir el impacto positivo de forma rigurosa permite integrarlo en la comunicación de la empresa de manera convincente, demostrando que se actúa con responsabilidad. En un entorno complejo, ningún actor transforma la realidad en soledad. La colaboración con otros actores del ecosistema, incluso competidores, puede ser la vía para alcanzar escala y eficacia.

VI. Empleados como catalizadores del propósito

Los colaboradores deben sentirse parte del propósito, no solo como receptores, sino como protagonistas. Su participación directa fortalece la motivación, genera ideas valiosas y amplifica el impacto.

Para activar esto, las empresas pueden:

- Evaluar si su propósito está alineado con el contexto externo.
- Integrar el propósito en mensajes, cultura, objetivos, productos y sistemas de gestión.
- Incluir indicadores sociales junto a los financieros.
- Reforzar con capacitación, códigos de conducta, investigación de mercado y rebranding.
- Medirse frente a referentes del sector.
- Diseñar hojas de ruta claras con metas ambiciosas pero alcanzables.

- Promover el intraemprendimiento con propósito y transparencia.

- Habilitar espacios para la participación del personal en decisiones clave.

- Extender la RSE al desarrollo de productos con impacto positivo.

VII. Selección natural: las empresas que lideran con propósito marcan la diferencia

Quienes hoy toman la decisión consciente de operar con responsabilidad, tienen la oportunidad de hacerlo de manera voluntaria, en sus propios términos, y convertirlo en una ventaja competitiva. Las organizaciones que adoptaron primero esta filosofía y la han integrado en su estrategia hoy cosechan beneficios tangibles y sostenibles.

La RSE y el propósito no son una moda. Son el corazón de las empresas que aspiran a ser relevantes, confiables y exitosas en el mundo que ya está aquí.

Guía Práctica para Implantar la Responsabilidad Social en tu Empresa

Del Compromiso Inicial al Liderazgo Transformador, Sustentable y con Propósito

PRIMER PASO: Reconocer, asumir y expresar el compromiso responsable

Antes de emprender cualquier acción, una empresa debe comprender que la Responsabilidad Social Empresarial (RSE) no es un complemento, ni un accesorio, sino un **componente esencial de su estrategia, cultura organizacional y visión a largo plazo.** Reconocer este principio implica un cambio profundo en la forma de entender el rol empresarial en la sociedad y en su ecosistema de valor. Este primer paso se traduce en:

1. **Definir el interés organizacional** en términos de valor agregado para todas las partes interesadas: empleados, comunidades, inversionistas, proveedores, clientes y el medio ambiente.

2. **Direccionar los asuntos relevantes**: Identificar, jerarquizar y monitorear de forma continua los temas sociales, éticos, ambientales, económicos y de gobernanza que influyen en sus operaciones, reputación y legitimidad.

3. **Establecer objetivos específicos, ambiciosos y medibles** de RSE que estén integrados al modelo de negocio, alineados con los riesgos y con las oportunidades estratégicas de impacto positivo.

4. **Difundir un Mandato Ético institucional** que incluya un código de conducta, principios rectores, compromisos voluntarios y líneas de acción concretas que orienten el actuar cotidiano de la organización.

5. **Construir liderazgo comprometido y coherente**: La alta dirección debe ejercer una participación visible, activa y formativa, promoviendo una cultura organizacional basada en valores compartidos.

SEGUNDO PASO: Hacer un análisis honesto del cumplimiento actual

Es indispensable saber con realismo desde dónde partimos. Este análisis debe enfocarse en la coherencia entre lo que la empresa dice, hace y comunica. Se recomienda evaluar su madurez y desempeño en los siguientes ámbitos clave:

- **Gestión empresarial responsable**: Gobernanza corporativa, ética, transparencia, cumplimiento normativo y lucha contra la corrupción.

- **Calidad de vida laboral y desarrollo humano**: Condiciones de trabajo, diversidad, equidad, salud, seguridad, bienestar y oportunidades de crecimiento.

- **Vinculación e inversión social estratégica**: Relación con comunidades, voluntariado corporativo, filantropía transformadora y proyectos de desarrollo sostenible.

- **Cuidado y preservación del medio ambiente**: Uso eficiente de recursos, gestión de residuos, economía circular, mitigación de impactos ambientales y protección de la biodiversidad.

Este diagnóstico será la base para construir un enfoque más efectivo y alineado al propósito organizacional.

TERCER PASO: Diseñar la planeación estratégica con visión y coherencia

Una vez definido el punto de partida, es hora de trazar una hoja de ruta. Esta debe incorporar la RSE en el centro de la estrategia empresarial:

- **Desarrollar una estrategia transversal de RSE**, vinculada a los objetivos del negocio y al entorno social, normativo y ambiental.

- **Definir metas, responsables, indicadores, recursos y plazos**, asegurando claridad y viabilidad.

- **Asignar un presupuesto específico**, así como recursos humanos, tecnológicos y de gestión para impulsar los programas.

- **Establecer mecanismos sólidos de seguimiento, control y evaluación.**

CUARTO PASO: Instrumentar la estrategia en toda la organización

Para llevar la estrategia a la acción es indispensable institucionalizarla. Esto implica:

- **Formación e involucramiento activo de toda la organización**, desde la alta dirección hasta los colaboradores operativos.

- **Infraestructura organizacional que facilite su implementación**: protocolos, sistemas de gestión, canales de reporte y soporte.

- **Asignación de líderes responsables** por área o programa, con autoridad, autonomía y mecanismos de rendición de cuentas.

- **Sistemas de incentivos, reconocimientos y sanciones**, alineados con el cumplimiento ético y sostenible.

QUINTO PASO: Mapear, comprender y relacionarse con las partes interesadas

Los stakeholders no son un obstáculo, son aliados estratégicos. Un enfoque relacional debe contemplar:

- **Mapeo e identificación de stakeholders**, evaluando su influencia, nivel de interés y posibles aportaciones.

- **Clasificación y priorización**, para identificar actores clave y potenciales aliados.

- **Asignación de roles, expectativas y formas de relación** con cada parte interesada.

- **Establecimiento de mecanismos de diálogo, consulta y colaboración de doble vía.**

Construir confianza requiere tiempo, coherencia y transparencia. Convertir a los grupos de interés en aliados es un salto cualitativo en la madurez de la RSE.

SEXTO PASO: Consolidar el legado y el impacto positivo

Una empresa responsable no busca solo rentabilidad, sino **trascender positivamente en su entorno**. Para lograrlo, debe comprometerse con:

- Tener **un propósito claro, auténtico y compartido**, alineado a las causas que impulsa.

- Generar valor social y económico, cuidando el bienestar de sus colaboradores, consumidores y comunidades.

- Garantizar condiciones laborales dignas, justas y equitativas.

- Minimizar sus impactos negativos y potenciar los positivos.

- Ser transparente y responsable en su comunicación y rendición de cuentas.

SÉPTIMO PASO: Medir avances, corregir rumbo y promover mejora continua

No se puede gestionar lo que no se mide. La evaluación debe ser rigurosa, constante y participativa. Para ello, la empresa debe:

- **Establecer procesos de evaluación periódica**, interna y externa.
- **Definir indicadores clave** alineados con los objetivos estratégicos.
- **Realizar benchmarking**, participar en reconocimientos, y aprender de líderes del sector.
- **Identificar áreas de oportunidad** y adaptar programas con agilidad y realismo.

OCTAVO PASO: Escalar, replicar e integrar la RSE como modelo de gestión

La RSE no debe ser un "programa", sino una **forma de hacer negocios**. Para consolidar su integración, la empresa debe:

- **Crear alianzas estratégicas de impacto colectivo**, con empresas, organizaciones sociales, academia y gobierno.
- **Incorporar la RSE en procesos clave del negocio**: compras, innovación, marketing, talento, finanzas.
- **Expandir buenas prácticas** a filiales, proveedores y aliados.
- **Promover una cultura organizacional coherente** con los valores de responsabilidad, inclusión e innovación social.

NOVENO PASO: Convertirse en referente de liderazgo consciente y transformador

Ser líder en RSE implica marcar la pauta en lugar de seguirla. Estas son algunas características clave:

- **Propósito fuerte, claro y visible**, que inspira y orienta la estrategia.

- **Comunicación auténtica y coherente**, centrada en el impacto y no solo en la reputación.

- **Participación en causas sociales**, ambientales o de derechos humanos.

- **Empoderamiento de colaboradores** como agentes de cambio, promotores del propósito y la innovación.

- **Transparencia radical**, apertura a la crítica y capacidad de diálogo con todos los públicos.

Los verdaderos líderes sociales no imponen, inspiran. No buscan protagonismo, buscan transformación.

CONSEJO FINAL: Adapta con inteligencia, no imites sin sentido

Cada organización es un mundo, con su historia, su cultura y sus desafíos únicos. Esta guía no pretende ser una receta, sino una brújula. Lo importante no es seguirla al pie de la letra, sino adaptarla con inteligencia estratégica y sentido ético.

Una empresa que logra alinear su propósito con sus acciones, su cultura con sus decisiones y su voz con su impacto... no solo será más competitiva, sino más valiosa y respetada.

La transformación consciente comienza hoy y empieza contigo.

¿Y si no fue el capitalismo lo que falló... sino lo que olvidamos?

Hay una pregunta que me acompaña desde hace años cada vez que escucho hablar de crisis, desigualdad o desconfianza empresarial: ¿cómo llegamos hasta aquí? ¿Cómo es que una idea que alguna vez prometió progreso y bienestar terminó generando agotamiento social, daño ambiental y desconfianza a escala planetaria?

La respuesta no es sencilla. Pero tampoco es evasiva. No es el capitalismo lo que está en crisis. Es su brújula moral. Y con ella, el sentido original de lo que significa crear valor.

Cuando la empresa dejó de preguntarse "para qué"

Durante décadas, muchas empresas aprendieron a moverse como relojes de precisión: obsesionadas con la eficiencia, medidas solo por su rentabilidad y dirigidas por líderes entrenados para crecer, sin cuestionar realmente qué estaban cultivando.

Se instaló una lógica de resultados inmediatos, donde lo humano se volvió "recurso", lo social un "riesgo reputacional" y lo ambiental una "externalidad". El propósito se relegó a lo anecdótico. La ética, a los códigos colgados en la pared. Y la responsabilidad social... a campañas de temporada.

Pero ¿puede una organización ser realmente exitosa si ha perdido la confianza de su entorno? ¿Puede crecer una economía donde la mayoría se siente excluida o en deuda con el futuro?

El síntoma no es el mercado: es el olvido del propósito

El problema no ha sido solo económico, sino también cultural y espiritual. El sistema olvidó que la empresa es una creación humana, y como tal, debe estar al servicio de lo humano. No nacimos para maximizar utilidades, sino para construir relaciones que generen valor compartido, cohesión social y bienestar colectivo.

Esa desconexión ha traído consecuencias graves: desconfianza generalizada, liderazgo deslegitimado, culturas laborales tóxicas y una juventud que ya no se identifica con las empresas tradicionales. Por eso, la pregunta ya no es si debemos cambiar, sino desde dónde y para qué lo haremos.

Lo que necesitamos no es una reforma técnica, sino una (re) evolución consciente

Más que una transformación estructural, el mundo necesita una transformación con sentido. Una revolución silenciosa que no comienza en los mercados... sino en la conciencia de cada líder, de cada empresa y de cada decisión. Porque el verdadero cambio no vendrá desde los consejos de administración, sino desde un liderazgo que sepa escuchar, sentir y actuar con propósito.

Se trata de pasar:

◆ De la gestión del impacto… a la gestación del sentido. ◆ De cumplir con lo mínimo… a comprometerse con lo que importa. ◆ De maquillar la RSE… a vivir la sostenibilidad como brújula estratégica.

Cinco claves para reconstruir el camino

No todo está perdido. Estamos justo a tiempo para resignificar. Aquí algunas claves esenciales para avanzar:

◆ Reencuentra el propósito: Redescubre para qué existe tu empresa más allá del producto que vende. Ese "para qué" debe guiar cada decisión y cada estrategia. ◆ Haz de la sostenibilidad una convicción, no un eslogan: Deja de hablar de ella como un programa y conviértela en el ADN de tu cultura organizacional. ◆ Recupera la dimensión social: La "S" de los criterios ESG no es adorno: es el alma de cualquier modelo sostenible. Escucha, cuida, dialoga. ◆ Lidera con conciencia, no con poder: El liderazgo del futuro no es jerárquico, es relacional. Inspira desde el ejemplo, no desde la autoridad. ◆ Mide lo que importa de verdad: No todo se trata de ROI. Evalúa también el impacto que dejas en las personas, las comunidades y el planeta.

Volver a empezar… con otros ojos

Hoy, más que nunca, necesitamos líderes que se atrevan a hacerse las preguntas incómodas. Que no teman admitir que algo no está funcionando. Y que estén dispuestos a construir un nuevo camino, donde éxito y conciencia no se excluyan, sino que se nutran mutuamente.

Porque llegamos hasta aquí por desconexión. Pero solo avanzaremos si decidimos reconectar: con el sentido, con la ética, con la humanidad.

¿Y tú? ¿Desde dónde estás liderando hoy? Te invito a replantearlo todo... no para culparnos, sino para volver a empezar desde otro lugar. Uno más consciente. Más justo y más sostenible.

La Caja de Herramientas para empresas que quieren tomar en serio la Responsabilidad Social

¿Cómo se pasa del discurso a la acción en responsabilidad social empresarial y sostenibilidad?

Muchas organizaciones ya han expresado sus compromisos. Algunas incluso han firmado pactos, elaborado códigos o publicado reportes. Pero cuando les preguntas si estos compromisos viven en la cultura, en las decisiones, en los sistemas de gestión y en las relaciones con sus grupos de interés... la respuesta es, a menudo, un incómodo silencio.

Por eso, más que un listado de instrumentos, lo que aquí propongo es una **caja de herramientas viva** (dinámica e intencionalmente inconclusa), que sirva como mapa de ruta, guía de navegación y recordatorio constante de que la responsabilidad social no se implanta por decreto, sino con coherencia, consistencia y evolución continua.

I. El primer paso no es una herramienta: es una decisión

Toda empresa verdaderamente responsable ha tomado una decisión que va más allá del cumplimiento: **asumir su rol como actor social y agente de impacto.**

Esto implica preguntarnos:

- **¿Qué huella queremos dejar en las personas, en el planeta y en nuestra comunidad?**
- **¿Cómo integramos ese propósito en la cultura, la estrategia y la operación cotidiana?**

Una vez tomada esa decisión, las herramientas cobran sentido. Aquí algunas esenciales, pero no aisladas, sino interconectadas entre sí.

II. Herramientas estratégicas para construir una cultura responsable

1. Códigos de ética y conducta

Más que documentos, deben ser **pactos internos de integridad** que orientan cómo actuamos dentro y fuera de la organización. Un buen código:

- **Alinea valores con comportamientos esperados.**
- **Es conocido y comprendido por todos los colaboradores.**
- **Se aplica y se actualiza regularmente con base en dilemas reales y contextos cambiantes.**

> *Un consejo práctico: Vincúlalo con formación continua y mecanismos de escucha y denuncia confiables.*

2. Sistemas de gestión integrados

Ya no basta con tener un área de RSE o Sostenibilidad. Lo que necesitamos son **sistemas de gestión transversales**, con procesos, indicadores y metas claras en:

- **Derechos humanos y laborales.**
- **Impacto ambiental.**
- **Buen gobierno y transparencia.**
- **Relación con comunidades y proveedores.**

Normas como ISO 26000, ISO 14001, SA8000 o GRI no son soluciones mágicas, pero sí marcos útiles si se utilizan con sentido estratégico.

> *Clave: Un sistema no se implanta para obtener una certificación, sino para asegurar una mejora continua con propósito.*

3. Informes de sostenibilidad (reportes ESG o de RSE)

Son herramientas poderosas **solo si comunican lo que realmente importa** y no se convierten en catálogos de actividades o marketing verde.

Un buen informe debe:

- **Responder a los temas materiales (lo que más preocupa e impacta).**
- **Incluir voces externas (no solo internas).**
- **Mostrar avances y desafíos, no solo éxitos.**
- **Usar estándares reconocidos (GRI, SASB, ISSB) y explicar claramente su impacto.**

> *Recomendación: No lo veas como un fin, sino como un instrumento para la conversación estratégica con stakeholders.*

4. Inversión socialmente responsable (ISR)

Cada vez más inversionistas analizan **factores ambientales, sociales y de gobernanza (ASG)** para tomar decisiones. Integrar esta mirada no solo es inteligente, sino también ético.

> *Acción concreta: Evalúa si tu empresa está siendo evaluada por criterios ESG sin saberlo. Puedes anticiparte y construir una narrativa propia que refleje tu compromiso real.*

5. Indicadores clave

Una cultura responsable necesita métricas para saber si avanza o solo se queda en buenas intenciones. Agrúpalos en tres dimensiones:

- **Económicos:** relación con clientes, proveedores, trabajadores, valor compartido.
- **Ambientales:** consumo de energía, agua, emisiones, residuos, eficiencia.
- **Sociales:** condiciones laborales, diversidad, salud y seguridad, desarrollo comunitario, reputación y confianza.

> *Recomendación clave: No midas todo. Prioriza lo que te permite tomar mejores decisiones.*

IV. Principios y compromisos que inspiran y alinean

6. Guías, principios y marcos de referencia internacionales

No son para adornar la web institucional. Sirven para alinear nuestra brújula ética con principios universales.

1. **Pacto Mundial de Naciones Unidas:** Diez principios en derechos humanos, laborales, medio ambiente y anticorrupción.
2. **ODS – Objetivos de Desarrollo Sostenible:** 17 metas globales que ofrecen una agenda común para el mundo empresarial.
3. **Principios de Sullivan, OCDE, OIT, etc.:** Aportan marcos para prácticas responsables en contextos globales.

> *Reflexión: Alinear tu estrategia a estos marcos es una señal de madurez, pero solo si los vives internamente.*

V. Lo que no es una herramienta, pero ayuda a marcar la diferencia

Hay elementos que no caben en un checklist (tradicional), pero son indispensables para que las herramientas funcionen:

- **Liderazgo coherente:** Sin él, las herramientas pierden fuerza.
- **Escucha activa y diálogo social:** Sin ellos, no hay legitimidad.
- **Transparencia y rendición de cuentas:** No como obligación, sino como ejercicio de confianza.

La caja no sirve si no se usa

Podemos tener la mejor caja de herramientas, pero si se queda en el papel o en el cajón, **la cultura no cambia, la empresa no se transforma y el impacto no se genera.**

Adoptar una gestión socialmente responsable no es una moda ni una obligación externa. Es una elección estratégica que transforma la cultura, fortalece la reputación, mitiga riesgos, genera valor compartido y conecta a la empresa con su verdadero propósito.

Algunas claves para la Acción

1. Haz un diagnóstico honesto de tu situación actual y el grado de integración de la RSE en la empresa.

2. Define una visión compartida con los líderes de todas las áreas, no solo del área social.

3. Selecciona las herramientas que más se adapten a tu realidad, prioridades y recursos. No necesitas todas, pero sí usarlas bien.

4. Forma, comunica y conversa sobre lo que significa actuar responsablemente, desde la alta dirección hasta los colaboradores de base.

5. Evalúa y mejora continuamente, no por cumplir, sino por convicción.

Manifiesto por Empresas Conscientes, Sostenibles y Responsables

Un compromiso colectivo por un futuro mejor para todos

Hoy más que nunca, el mundo nos llama a actuar con decisión y propósito. Frente al cambio climático, las desigualdades crecientes y la pérdida de confianza en las instituciones, necesitamos algo más que buenas intenciones: requerimos un nuevo pacto entre empresas, líderes, ciudadanos y comunidades. Este manifiesto es una invitación abierta a transformar el rol de la empresa en la sociedad y a construir, juntos, un futuro más justo, inclusivo y sostenible.

Este Manifiesto está dirigido a líderes empresariales, profesionales, emprendedores, colaboradores, consumidores y a toda persona que crea que otra forma de hacer empresa es posible, necesaria y urgente. Aquí te comparto algunos principios esenciales que nos comprometen a generar valor económico con sentido humano, social y ambiental.

NUESTROS DIEZ PRINCIPIOS DE COMPROMISO

La persona en el centro de cada decisión

Las empresas existen gracias a las personas. Nos comprometemos a proteger su dignidad, promover su bienestar integral y garantizar que los derechos humanos estén en el centro de todas nuestras acciones.

Alianzas para transformar realidades

Ningún cambio relevante ocurre de forma aislada. Impulsamos alianzas estratégicas entre sectores y actores diversos, convencidos de que los grandes desafíos solo se resuelven desde la colaboración.

Cuidar el planeta como un acto de responsabilidad compartida

Adoptamos prácticas sostenibles, conscientes del impacto de nuestras decisiones en el medio ambiente. Reconocemos los límites planetarios y trabajamos por regenerar y proteger los ecosistemas.

Ética y transparencia como pilares de confianza

Nos comprometemos a actuar con integridad, rendir cuentas y ser coherentes entre lo que decimos y lo que hacemos. Sabemos que sin confianza no hay transformación posible.

Diversidad, inclusión y equidad como base del respeto

Valoramos la riqueza que aporta cada persona. Fomentamos espacios seguros, diversos e inclusivos, donde todos puedan desarrollarse plenamente sin discriminación alguna.

Impacto social positivo como propósito empresarial

Reconocemos el poder transformador de la empresa en las comunidades. Por eso, contribuimos activamente al desarrollo social, apoyando iniciativas de salud, educación, equidad y cultura.

Innovación con propósito para el bien común

Creemos en la innovación no solo como herramienta de competitividad, sino como medio para resolver los problemas más urgentes de la humanidad. Innovamos con ética y visión.

Colaboración intersectorial para soluciones sostenibles

Promovemos el trabajo conjunto entre gobiernos, empresas, academia y sociedad civil. Porque los retos actuales exigen soluciones colectivas, complementarias y sostenibles.

Liderazgo consciente y con propósito

Impulsamos un nuevo tipo de liderazgo: más humano, empático y coherente. Un liderazgo que inspira, conecta e impulsa acciones transformadoras desde el ejemplo.

Evaluación de impacto y rendición de cuentas como práctica continua

Medimos lo que realmente importa: nuestro impacto en las personas, las comunidades y el planeta. Establecemos metas claras y compartimos nuestros avances con responsabilidad y transparencia.

Un nuevo comienzo que nos convoca a todos

Este manifiesto no es un documento simbólico, es una hoja de ruta. Una declaración viva de intenciones que busca convertirse en acción cotidiana, en decisiones responsables, en una cultura empresarial más consciente.

El verdadero éxito de una empresa se mide hoy no solo por cuánto gana, sino por cuánto transforma positivamente su entorno. Por eso, invitamos a todos a adoptar, adaptar y vivir estos principios en sus contextos.

Tú puedes suscribirlo, promoverlo, adoptarlo, adaptarlo y compartir tus experiencias: ¿Te sumas al movimiento?

El futuro no se espera, se construye. Y este compromiso colectivo es una manera concreta de empezar. Con tus ideas. Con tu liderazgo. Con nuestra acción conjunta.

Glosario Vivo de la Responsabilidad Social, la Sostenibilidad y otros Parientes que vale la pena conocer

Porque para transformar, primero hay que entender. Y para entender, hay que nombrar con sentido.

☐ Responsabilidad Social

Es la capacidad de una persona u organización de responder ante la sociedad por los impactos que genera, positiva o negativamente. No se trata solo de "cumplir" o "hacer el bien", sino de asumir conscientemente el rol que se ocupa en la comunidad, la economía y el entorno.

La responsabilidad implica acción. La responsabilidad social implica propósito.

☐ Responsabilidad Social Empresarial (RSE)

Es el compromiso voluntario, consciente y estratégico de las empresas para generar valor económico, social y ambiental a través de sus decisiones, cultura, operaciones y relaciones, más allá del cumplimiento legal.

Una empresa socialmente responsable no solo actúa bien, actúa con sentido, con propósito y con conciencia de su impacto.

💬 Accountability (Rendición de cuentas)

Es la disposición activa y transparente de informar, explicar y asumir las consecuencias de las decisiones que afectan a otros. Va más allá de reportar: implica responder por lo que se hace, se deja de hacer y cómo se hace.

No basta con tener buenas intenciones. Hay que rendir cuentas con integridad.

🔊 Answerability

Es la capacidad —y voluntad— de una organización para dar explicaciones antes de que algo ocurra. No espera a la crisis para reaccionar: anticipa, previene, dialoga y da la cara.

La responsabilidad no empieza cuando se comete un error, sino cuando se acepta la posibilidad de tener un impacto.

🌱 Sostenibilidad

Es la capacidad de operar hoy sin hipotecar el mañana. Implica crear valor económico sin destruir el capital social ni el capital natural. La sostenibilidad exige visión a largo plazo y coherencia en el presente.

Ser sostenible es un acto de respeto: hacia el planeta, las personas y el futuro.

☐ Liderazgo Consciente

Es el estilo de liderazgo que pone en el centro el propósito, la empatía, la ética y el bienestar colectivo. No se trata de mandar, sino de inspirar. No se enfoca solo en resultados, sino en las razones que los hacen valiosos.

Liderar conscientemente es ser guía, espejo y motor de transformación.

☐ Economía Circular

Es un modelo regenerativo que busca eliminar residuos desde el diseño, mantener los recursos en uso el mayor tiempo posible y regenerar los sistemas naturales. Implica repensar el concepto de crecimiento, enfocándolo en valor y no en volumen.

En la economía circular no hay basura, solo recursos mal diseñados.

〰 Creación de Valor Compartido (CVC)

Es la estrategia empresarial que alinea la competitividad de la empresa con el progreso de la sociedad. Propone que resolver problemas sociales o ambientales puede —y debe— ser rentable.

Lo que es bueno para la empresa, debe ser bueno para todos. Eso es valor compartido.

▦ Empresabilidad

Es la capacidad de formar o transformar empresas con propósito, innovación y conciencia social. Abarca el compromiso de crear modelos de negocio que generen prosperidad colectiva y respondan a las brechas de nuestra realidad.

La empresabilidad no es solo emprender: es construir empresas que importen y dejen huella.

5593621782

☐ Stakeholders (Partes interesadas)

Son todas aquellas personas, grupos o instituciones que afectan o son afectadas por las decisiones y actividades de una organización. Incluyen clientes, empleados, proveedores, comunidad, inversionistas, gobiernos, medios, entre otros.

Las partes interesadas no son observadores. Son protagonistas del éxito o fracaso de una empresa.

🔍 Involucramiento con las partes interesadas

Proceso continuo, bidireccional y genuino mediante el cual la empresa dialoga, consulta y colabora con sus grupos de interés para alinear expectativas, reducir riesgos y construir confianza mutua.

Involucrar no es informar. Es co-crear.

🎯 Propósito de Marca

Es la razón profunda por la cual una marca existe más allá de vender productos o servicios. Une valores, impacto y narrativa para conectar con las personas en un nivel emocional y social.

Las marcas con propósito no se eligen solo por precio, sino por lo que representan.

☐ Desarrollo Sostenible

Es la evolución que busca satisfacer las necesidades del presente sin comprometer las capacidades de las generaciones futuras. Implica equilibrio entre lo económico, lo social y lo ambiental.

No hay desarrollo si no es para todos, y no es desarrollo si destruye lo que lo hace posible.

☐☐☐ Ciudadanía Corporativa

Es el reconocimiento y ejercicio del rol de la empresa como miembro activo, responsable y participativo de la sociedad. Supone que las organizaciones no son entes aislados con fines exclusivamente económicos, sino actores con influencia real en la vida colectiva.

Una empresa que ejerce ciudadanía corporativa:

- **Se compromete con los valores democráticos,**
- **Respeta y promueve los derechos humanos,**
- **Contribuye activamente al desarrollo sostenible de su entorno,**
- **Fomenta la inclusión, la legalidad, la participación y la corresponsabilidad social.**

Ser buen ciudadano corporativo no es un título: es un comportamiento diario que se nota en cómo se toman decisiones, se crean vínculos y se actúa frente a los desafíos sociales.

☐ Capitalismo Consciente

Es un modelo de pensamiento y gestión empresarial que reconoce que el propósito de una empresa no es solo generar utilidades, sino crear valor para todos sus grupos de interés. Se basa en cuatro pilares:

- **Propósito elevado,**
- **Liderazgo consciente,**
- **Cultura consciente,**
- **Orientación hacia los stakeholders.**

El capitalismo consciente propone una economía donde el éxito económico no sea a pesar del bien común, sino a través de él.

No se trata de humanizar el capitalismo, sino de recordar que las empresas están hechas por personas y para personas.

🚀 Innovación Social Empresarial

Es la capacidad de las empresas para desarrollar soluciones nuevas, sostenibles y efectivas que atiendan problemáticas sociales o ambientales, de forma alineada a su estrategia de negocio y generando valor compartido.

Se manifiesta cuando una empresa convierte desafíos sociales en oportunidades para innovar, crecer y contribuir al bienestar colectivo, y no solo cuando financia causas externas.

La verdadera innovación no solo cambia productos, cambia realidades.

🔺 Liderazgo Consciente, Sostenible y Responsable

Es la forma de liderazgo que integra conciencia ética, visión de largo plazo e impacto positivo real en todas sus dimensiones. Este tipo de liderazgo:

- Escucha antes de decidir,
- Actúa con sentido y no solo por inercia,
- Se responsabiliza por su influencia en los equipos, en la organización y en la sociedad.

A diferencia del liderazgo tradicional, no se mide solo por resultados financieros, sino por el valor humano, social y ambiental que deja como legado.

El liderazgo consciente no busca seguidores, busca multiplicar líderes responsables.

📖 Norma ISO 26000

Es una guía internacional que establece principios y prácticas de responsabilidad social aplicables a todo tipo de organización. No certifica, pero orienta. Entre sus conceptos clave incluye: gobernanza, comportamiento ético, debida diligencia, equidad, impacto, transparencia y respeto por los stakeholders.

⚖️ Debida Diligencia

Es el proceso preventivo y riguroso para identificar, evaluar y mitigar los impactos negativos reales o potenciales de una actividad empresarial sobre los derechos humanos, el medio ambiente o la sociedad.

No hay responsabilidad sin previsión.

Capitalismo Moral

Es una visión del capitalismo que equilibra el lucro con los principios éticos, el bien común y la justicia. Propone una economía de mercado con reglas, valores y sentido humano.

Ganar dinero sí, pero sin perder el alma.

Normativa internacional de comportamiento

Son expectativas de conducta responsable reconocidas por tratados, convenciones y prácticas internacionales, como los Principios Rectores de la ONU sobre Empresas y Derechos Humanos, las Directrices de la OCDE o la Declaración Universal de Derechos Humanos.

Gobernanza Organizacional

Es el sistema mediante el cual una organización toma decisiones, establece prioridades y responde ante sus partes interesadas. Una buena gobernanza garantiza transparencia, participación y coherencia.

⬚ Indicadores ESG (Ambientales, Sociales y de Gobernanza)

Son métricas que permiten evaluar cómo una empresa gestiona su impacto en el medio ambiente, las personas y su propia ética corporativa. Se han convertido en estándar clave para inversionistas y analistas de riesgos.

♥☐🔥 Felicidad en el trabajo

Más que un beneficio, es un derecho organizacional. Ocurre cuando las personas encuentran sentido, dignidad y bienestar en lo que hacen.

Una empresa feliz no se mide por el ambiente relajado, sino por el compromiso con su gente.

⊘ Anti-Glosario: Términos que no caben en la RSE

Represalia: No cabe en una empresa ética.

Retaliation: Ninguna acción debe castigar la integridad.

Greenwashing: Decir sin hacer es mentir.

Exclusión: Lo contrario del compromiso social.

Indiferencia: El enemigo silencioso de la sostenibilidad.

📎 Claves para usar este glosario con propósito

- No memorices, interioriza: cada palabra encierra una práctica, una elección y un impacto.

- Léelo como brújula, no como diccionario: te guía en el camino hacia una empresa más consciente.
- Compártelo con tu equipo: una cultura responsable se construye entre todos.
- Actualízalo: el mundo cambia, y con él, nuestra forma de entender el compromiso empresarial.
- Conviértelo en conversación: estas definiciones abren puertas, no las cierran.